中华先贤人物故事汇

狄仁杰

杨献平 著

中华书局

图书在版编目（CIP）数据

狄仁杰/杨献平著. —北京:中华书局,2024.11. —(中华先贤人物故事汇). —ISBN 978-7-101-16653-8

Ⅰ. K827＝42

中国国家版本馆 CIP 数据核字第 2024ZU6676 号

书　　名　狄仁杰
著　　者　杨献平
丛 书 名　中华先贤人物故事汇
责任编辑　周　璐　董邦冠
封面设计　王铭基
责任印制　管　斌
出版发行　中华书局
　　　　　(北京市丰台区太平桥西里 38 号　100073)
　　　　　http://www.zhbc.com.cn
　　　　　E-mail:zhbc@zhbc.com.cn
印　　刷　三河市宏达印刷有限公司
版　　次　2024 年 11 月第 1 版
　　　　　2024 年 11 月第 1 次印刷
规　　格　开本/787×1092 毫米　1/32
　　　　　印张 4⅞　插页 2　字数 50 千字
印　　数　1-6000 册
国际书号　ISBN 978-7-101-16653-8
定　　价　22.00 元

出版说明

孔子周游列国,创立儒家学说;张骞出使西域,开辟丝绸之路;书圣王羲之,留下了曲水流觞的佳话;诗仙李白,写下了"举头望明月,低头思故乡"的名篇;王安石为纠正时弊,推行变法;李时珍广集博采,躬亲实践,编撰医药学名著《本草纲目》……

这些杰出的历史人物,有的是在中华民族文明进程中做出过突出贡献、对后世产生过巨大影响的思想家、政治家,有的是对中华优秀传统文化的传承传播发挥过重大作用的文学家、艺术家、科学家,有的是为国家安定统一、民族融合团结和中外文化交流做出过杰出贡献的军事家、外交家……他们为中华民族的繁荣发展做出了伟大的贡献,他们的行为事迹、风范品格为当世楷模，并垂范后世。

　　他们是中华民族的先贤人物。他们的思想、品德、事迹，是中华优秀传统文化的结晶；他们的故事，是对中华民族的禀赋、特点和气质最生动、最鲜活的阐释；他们的名字，在五千年中华文明史上最为光彩夺目；他们为五千年中华文明史书写了最为光辉灿烂的篇章。

　　为了解先贤，走近先贤，我们精心组织编写了这套《中华先贤人物故事汇》丛书，以翔实可靠的史料为依据，细腻动人的故事为载体，真实地呈现中华先贤人物的事迹、品格和精神风貌，彰显他们的贡献和功绩，激发人们对国家民族的热爱，对中华文明、中华优秀传统文化的崇敬。

　　开卷有益，期待这套丛书成为你的良师益友。

目 录

导　读

　　狄仁杰，字怀英，并州太原（今山西太原）人。生于公元630年，卒于公元700年。武则天时期重要的政治家。

　　狄仁杰以明经入仕，被派往汴州府衙任判佐。著名画家阎立本认为狄仁杰是当世奇才，称赞他"可谓海曲之明珠，东南之遗宝"。之后狄仁杰转任并州法曹。他不仅判案如神，且乐于助人。其上司长史蔺仁基常常夸赞狄仁杰"北斗以南，一人而已"。

　　李治驾崩，武则天当政，唐宗室李贞等人反叛，不日被剿灭，在这一作战中有功的张光辅骄横跋扈，专领军饷之外，还向各地衙门摊派。身为豫州刺史的狄仁杰拒不合作，且当面顶撞权势熏天的张光辅，并上书弹劾张光辅的不法行为。狄仁杰因此得罪张光辅，左迁复州刺史。

狄仁杰首次拜相不久，被来俊臣等人构陷入狱。数年后，狄仁杰再度拜相，力劝武则天迎回李显，并立为太子。

公元700年，狄仁杰薨逝。武则天废朝三日，极为悲痛。面对群臣，黯然说："朝堂空矣！"

狄仁杰是中唐时期的卓越政治家，为武周的内政建设和边疆治理做出了重要贡献，促进了社会稳定。

出身名门

　　太原城南郊，人烟辐辏，民舍众多。其中一处青砖灰瓦宅院，虽然有些老旧，但也十分整洁，一看就是有身份，注重诗书传家、习武强身的人家所居住。门庭两边立有石狮，门梁上刻有麒麟献瑞、猛虎长啸等图画。不大的院落中，有家丁和仆妇正在忙碌着。正值仲夏时节，艳阳高照，知了不间断地把整个并州城叫得异常热闹。这家院子里的一棵大槐树下，一个幼童正在低头玩耍。一位皂衣白须的老人从堂屋走出来，走到幼童身后，一探身，就把他抱在了怀里。

　　幼童惊了一下，扭头一看，立马笑逐颜开，口齿启开，脆脆地叫了一声祖父。

祖孙之乐

老翁应了一声，笑呵呵地对幼童说："孙儿，来，告诉祖父，你今天读了哪些书啊？"

那幼童面色白净，鼻直口方，尤其那一双眼睛，有虎豹之神光，晶莹透彻，包含锋芒。

这位老翁，名叫狄孝绪。其祖父名叫狄湛，在北齐时期官至泾州刺史、车骑将军，原籍冯翊郡高陆县。狄湛自小习武，后从军，以军功不断升迁，深受器重。狄孝绪自小文采过人，以文章入仕，官至尚书左丞，年老辞官还乡。

几年后，狄孝绪之子狄知逊入仕，为夔州（今重庆奉节）长史。由并州去夔州路途遥远，狄知逊赴任时候便没有带家眷同去。

而此时狄孝绪眼前的这个孩子，便是狄知逊之子，名叫狄仁杰。

闻听祖父询问，狄仁杰脱口说道："民劳则思，思则善心生；逸则淫，淫则忘善，忘善则恶心生。"

狄孝绪抚摸着狄仁杰的发髻，看着稚孙说："是啊，孩子，人生在世，凡事必须亲力亲为，不吃苦何知苦？只有自身经历过，才能时时省察恪守，引以为戒，以免滋生骄纵放肆之态，断绝求真向善之心。"

狄仁杰说："祖父，孙儿记下了！前不久，孙儿读到一则往事，范蠡与越王说：'夫勇者，逆德也；兵者，凶器也；争者，事之末也。阴谋逆德，好用凶器，始于人者，人之所卒也。淫佚之事，上帝之禁也，先行此者，不利。'这话是规诫帝王不可逞勇好斗，轻启战端。若好勇斗狠，君王失德，则将国家疲敝，民生凋零。"

狄孝绪笑着说："君者，乃是万人之师，以仁德开明为要，与邻国之间修睦和好，利于万众生息。倘若好勇斗狠，以阴谋兵戈，无端相向，会使人觉得丧德黩武，是为不祥，也是不利于家国天下的。"

如此一番对答过后，落日西下，有微风吹来，贴着地面，带着呛人的尘土。

因为狄知逊远在夔州，自然也难以照顾并州的老小。一家人全靠书信传达相互之间的挂念之情。

转眼又是几年过去了，狄知逊告假一次，回来省亲。见到自己的儿子，狄知逊喜不自禁，常抱着狄仁杰玩要，并给他讲自己在夔州任上遇到的奇人异事。小小的狄仁杰，对于父亲所讲既高兴又向往，眼神里充满了探寻究竟的好奇与渴望。待到狄知逊假期结束，本想带妻儿同去夔州生活，但父亲狄孝绪对他说，想那西南之地，天高路远，孩子年幼，不宜长途跋涉。

狄知逊也知道这个道理，便将狄仁杰留在了父亲狄孝绪的身边。狄孝绪在朝廷为官多年，虽没有位极人臣，但也算得上当朝重臣。在当时天下初定的政治环境之中，一个臣子，能够坚持正道，刚直不阿，最终还能够全身而退，自然也是一位深谙世事人情的智者。

将家中事情安排好之后，狄知逊再次离家为官，将儿子交与爹娘养护，也是无奈之举。

狄仁杰也很懂事，跟着祖父祖母，读书习武，从不倦怠。

狄仁杰长到六七岁时，有一次，狄孝绪教他前朝隋炀帝所作的《饮马长城窟行》。狄仁杰熟记后，叹息说："炀帝此人，才略也算极大，也有雄心和很多的想法，只是操之过急，终于自毁而遭众毁，真是令人感到可惜又可叹啊。"

狄孝绪急忙拦住，示意狄仁杰小声一点，又将他叫在身边，低声说："前朝之事，今朝之鉴。此为皇家忌讳，你这娃儿家，千万不可随便说及。"

狄仁杰也学着大人模样，起身，背着双手，踱着方步，神情颇为严肃地说："皇帝之天下，非一人之天下，乃万民之天下，民安而国治，反之，皇帝也只是寡人一个。"

狄孝绪摸了摸他的脑袋，笑着说："你啊，我的乖孙子，虽还是一个稚子幼儿，但境界高远，察世深邃！"

爷孙之乐，莫过于此。

然好景不长，狄仁杰九岁那年，狄孝绪及其夫人先后病逝。狄仁杰不胜伤悲，扑在祖父、祖母的棺椁上痛哭不起。

父亲狄知逊悲痛地对他说："孩子，逝者长已矣，生者何以？"

狄仁杰扭转脸颊，带着一脸的眼泪，看着父亲说："大丈夫生有地，死无处，当以身为天下，为万民，方不负一生。"

狄知逊闻听此言，心生爱怜，把他抱在怀里。

丁忧三年，狄知逊由夔州长史转任河阳（今河南孟州）长史。

从并州到河阳，其间六百多里。

当年秋天，在飒飒秋风中，狄仁杰跟随父母亲，离开并州，一路跋山涉水，辗转数十日，方才到了河阳。河阳历史颇为悠久，昔有周襄王被迫到此地参加晋文公召集的诸侯大会，在唐代也是一个较大的州府所在地，其北为太行山，南为黄河。河阳这个名字，便是由黄河与太行之阳坡而得来。

作为在北方出生的人，狄知逊一家在河阳觉得颇为适宜。

狄家位于河阳府衙东大街，一色的青瓦房屋，四面合围，形成一个四合院。有家丁和丫鬟，在当时，也算是比较优渥的家庭。家传学问再加上先生教授，狄仁杰少年时代的读书生活十分充实。

长到十四岁，狄仁杰俨然成了一位挺拔青年，头包青色方巾，身穿素色衣衫，落落大方，彬彬有礼，着实招人喜欢。因为狄家历来有习武防身，于危难时以身报国的家教和传统，读书之余，狄知逊也教授狄仁杰练习武术，只短短几年，他们家的习武传统，在狄仁杰身上也得到了继承。魁伟的狄仁杰，不仅满腹诗书，也练就了一身好剑术。

狄家大门正对着街市，从早到晚，不知多少人由此路过。

再一年深秋，山野变黄，秋风扫荡大地，落叶随之堆积。

有一天早上，忽听门外一阵慌乱和嘈杂。斯时，狄仁杰正在读关于《易》的书籍，有一段是张射向孔子请教"谦卦"，孔子云："天之道崇高神明而好下，故万物归命焉；地之道精博以上而安卑，故万物得生焉。圣君之道，尊严睿知而弗以骄人，谦然牝德而好后，故天下归心焉。"

狄仁杰想到，谦卦的卦象为地在上，山在下，巍峨者隐身于广博之间，而不自恃其高，这样的一种处世态度，才是长久且令人尊崇的。故有卦辞曰：谦，亨，君子有终。

授业先生也多次教导狄仁杰，《易》者，群经之首，古来为宰辅者，必习之，不研习《易》，是不可胜任的，并为他举了当朝重臣刘文静、杜如晦、房玄龄等人的例子。狄仁杰也想，守正持中乃是君子之正道，无论身居高位还是处于江湖，君子者，当"终日乾乾，夕惕若厉"，要"天行健，君子以自强不息"。

狄仁杰正想得入迷，没注意到外面的嘈杂，忽然家丁推门进来，大声说："公子，衙门的捕头要找您问话。"

家丁话音刚落，一个腰间佩刀的人大步踏了进来，厉声道："小子，你家赵姓家丁在门口被杀，你看到什么异常情况没有？"

狄仁杰慢慢地起身，看了一眼那位捕头，不紧不慢地开口："这一早上，我都在读书，哪里知道这些事情？"

捕头见狄仁杰态度轻慢，不由怒火升起，大声说："你家看门家丁被人杀害，本捕头找你问话，你怎敢如此怠慢无礼？"

听了捕头的一番话，狄仁杰起身，眼睛盯着他，语气郑重地说："孔圣人韦编三绝，董仲舒闭户垂帷，我满脑子的圣贤教诲，哪里容得下此类喧哗之事？请你快出去，不要耽误我读书。"

捕头闻听，张了张嘴，无话可说，哼了一声，愤然转身走了。

中午饭时，狄知逊说起家丁被杀，狄仁杰便说了上午与捕头的对话。

狄知逊看着狄仁杰说："你做得对，也不对。圣贤之外，无非民生。读书事大，但人命关天。圣贤所讲，天地之道也，而上天有好生之德，广地有容纳之性，一个人，一心圣贤固然心高充盈，但人毕竟生活在俗世，两者兼顾岂不更好？"

狄仁杰闻听，站起身来，躬身向父亲施礼说："父亲所言极是，孩儿受教了。"

狄知逊又对狄仁杰说："这位家丁于我家效劳多年，人极本分、忠厚，今他被人杀害，其中必有蹊跷。"

狄仁杰思忖片刻，对父亲说："在孩儿看来，杀人，一则无非盗者，二则大致旧仇，再无其他因由。倘若捕头明慧，便应直接查问财物是否丢失和此家丁平素之表现，也于案情有利，其进门便大声呼喝，衙门派头，实在令人生厌！"

狄知逊说："此捕快为人粗直，快人快语，吾儿理解便好。"

狄仁杰再次向父亲躬身说："孩儿谨记父亲教诲。"

数天后，有消息传来，杀家丁的凶手被捕。果不出狄仁杰所料，杀家丁的乃是与他同村的一个同族，因为财物上的纠纷，两家已两代结仇。此家丁仗恃人多势众，又在河阳城内为官宦守门，素来骄横跋扈。另一家儿子气不过，趁夜半人倦，家丁依门打盹，思维迟钝与麻痹的时候，快步欺近，一刀直刺其心脏，致使其当场丧命。

沧海遗珠

　　这一起案件告破，狄仁杰的勤奋、聪慧之名也随之传扬开来，人人都说，狄长史家又出了一个前途无可限量的后生，专心圣贤书，无暇对差役。

　　而狄仁杰深知，自己的志向远不止于此。多年来读书、习武不辍，这一段闻鸡起舞与埋头苦读的岁月，使得他心智和学识方面愈加成熟、广博。狄仁杰的内心，当然也充盈着一种经世济民的宏志大愿，正如孟子说："士穷不失义，达不离道。穷不失义，故士得己焉；达不离道，故民不失望焉。古之人，得志，泽加于民；不得志，修身见于世。穷则独善其身，达则兼善天下。"

　　狄知逊也非常欣慰，与人言谈之间，常以有狄仁杰这样的儿子而自豪。

这一年秋天，秋风劲吹，草木摇落之际，狄仁杰带着几个家丁，出河阳城后，顶着秋日阳光，登上太行山的高处。斯时，天高地阔，一派清朗。狄仁杰不禁胸襟鼓荡，思绪万千。他想到，新朝创立之后，尽管已经显露繁华盛世端倪，但战争遗祸尚未消除，万民尚不富足，作为读书人、大丈夫，时刻当以家国为重，以文武之才经世济民，为万民造福，方才不枉一生。

嗟叹之余，他忍不住想起在并州的少年生活，尤其和祖父、祖母一起的童年，充实而暖心，只是，人生短促，祖父母远逝，生离死别，真乃人生至痛。

岩石林立的山岗上，秋风飒飒，树叶金黄，蒿草之间散发着一股焦枯气息，其中还夹杂了山楂、酸枣和野葡萄等浆果熟透了的浓郁味道。狄仁杰不由在心里感慨：皇天后土，人间博大，苍生各得其所，而人生在世，也如白驹过隙，滔滔逝水。倘若碌碌无为若闲石漂木，实在有愧于天地成命和父母养育之恩。

这时候的他，已经二十多岁了。在古代，男子到了一定的年龄，便是堂堂男儿，一家之尊了，除了父母长辈以外，便不可有人随便再叫他的本名了，其他人一般用字来称呼。

狄仁杰已经取了字，即"怀英"。

这些年来，狄仁杰每天做的，就是在圣贤书里领悟和感知天地的智慧，领受圣人教诲，并日复一日修习武术。时光荏苒，父亲和母亲也都逐渐老去，他也娶妻成家，成为人父了。

妻子是一个大户人家的女儿，为人善良，端庄娴静。两人成亲之后，夫妻和睦，举案齐眉，生活也过得平静而有滋味。第二年，他们的大儿子出生了，狄仁杰为他取名狄光嗣。这孩子长得眉眼周正，样貌俊朗，活泼机灵。

平淡生活固然快乐，而作为一个读书人、习武者，狄仁杰深知，自己这一生绝不能仅满足于儿女情长。参加科举，步入庙堂，造福苍生，方才是人生大愿。人生于世上为时短暂，而君子做事，必要谋定而后动，方才能够如愿以偿。

此时，狄仁杰早已通过乡贡。当时的科举考试以明经和进士两科为主。其中，进士科尤其为当时的读书人所看重，但考试难度也大，每年考中进士科的只有几十人，这对于有着上千万人口的一个国家来说，其竞争的强度可想而知，很多人五十岁考中进士，还算是很年轻的了。

考中进士科之后，步入仕途，前途相对要光明得多，一般都可以即时任用，充实到各个岗位上去。而明经科相对简单一些，主要是考"帖文"。即从经书中录出一些文字，再将其中一些文句空缺出来，由考生凭借记忆补齐。

确信自己的学识已足以参加考试后，狄仁杰决定应考。

从河阳到长安，遥遥八百里。

春天，草木勃发，山川生翠。某一日，狄仁杰告别家人，带着一个书童，踏上了去往长安科考的行程。一路上，主仆二人晓行夜宿，一路向西。沿途所见，与河阳的景色区别不大，但越是靠近京都，各色人等越多，其中不少来自西域的蓝眼睛、黄胡子的商人和游客，还有一些操持两种语言的异族人。

狄仁杰从没去过京都，但也知道天子所在的地方，当是十分繁华的，肯定聚集了诸多的人才。

许多时日后，他们走到潼关外，天色有些黑了，便想找个地方休息。这山里，到处沟谷深涧，草木葳蕤，不见一户人家。

主仆二人想找个地方投宿，可这荒山野岭，风吹狼嚎，空旷寂寥。二人加快脚步，翻过一道山岭，漆黑的夜色中，左边的山坡上依稀有一盏灯火，在黑暗中兀自明灭不已，给人行路的指引。

主仆二人走近，却看到是一座寺庙。狄仁杰原本不想打搅僧侣清修，可是驻足稍停，举目之间，峻岭起伏，长风横贯，看此情景，要到集镇村落，可能还有很长的路程。

主仆二人商量了一下，决定进庙投宿。

这寺庙的香火不够旺盛，只有七八个沙弥，方丈年近八旬，相貌奇瘦，一脸的慈悲与睿智。他们相对而坐，吃斋饭时，方丈见狄仁杰相貌出奇，仪表不凡，便对狄仁杰说："老衲看施主，定是一个读书人，且满腹经纶，才学过人，识见也当是不俗，倘若有兴致，斋饭后可否一谈？"

狄仁杰起身，恭敬地说："方丈有教，在下不敢不从。且请方丈稍候，在下饭后即向您请教。"

方丈所在的房间，在大雄宝殿一侧，房屋古朴简洁，供桌上放着多卷佛经。

有小沙弥端来茶杯，二人盘膝相对而坐。

方丈说："听施主话音，似乎来自中原偏西的地方。"

狄仁杰说："方丈所言不错，在下原籍并州太原，后随父母迁居河阳。"

方丈点头微笑，看着狄仁杰说："老衲观施主相貌不凡，眉宇间英气凝聚，颧骨挺阔且地阁庄严，如所料不错，施主当是非凡之人，当今朝廷之中，滚滚尘烟以内，施主当大展宏图，上利朝堂，下济黎民，必定为一代良相。"

对于此类言语，狄仁杰在河阳也听几个高僧和道士说过，但都没有在意。今晚，见方丈如此一本正经，便觉得有些蹊跷。

狄仁杰忍不住开口问道："方丈所言，何以见得？"

方丈说："君子观形、气、神者也，施主眉宇开阔，鼻直口方，两腮饱满，行走举止之间，虎步龙行，气宇轩昂。稍假时日，绝非一般人物，定是安邦定国之才。今日路过小寺，也是缘分，老衲深感荣幸。"

狄仁杰抱拳说："承蒙方丈夸赞，在下实在惶恐。在下出身不过普通人家，前二十多年，基本在河阳度过，身为布衣，也没有什么建树，此次去往京都，为的是不负多年之学，能够科举成功，将来投身仕途。不为一己之富贵，乃为家国贡献心力，也不枉来这世上一遭。"

方丈捋了捋白须，说："施主所言，真男儿也，也正是君子之道。老衲看你眉宇之间红紫而发亮，想必此去，必定会一举得中，并且，很快就会去到任上。"

狄仁杰听了，心里顿觉安慰，也有些欣喜。急忙起身下拜说："托方丈慈恩，在下若能为家国和百姓做点事情，也不枉父母养育之恩，不负圣贤教诲。"方丈又笑说："世人皆苦，古来使然，老衲看你的运势，后半生强于前半生，可位极人臣，造福苍生。然施主也必然知晓，古来为官者，如居虎群狼窝，施主务必小心谨慎为好。"

狄仁杰再拜方丈说："方丈的教诲、提点，在下感谢，终生铭记。"

狄仁杰从方丈禅房出来的时候，月明星稀，风在旷野山岭之上奔行，雄壮且无惧。

次日一大早，狄仁杰辞别方丈，与书童一路向西，至长安，参加科举。果然如那寺中方丈所言，狄仁杰考中明经。

狄仁杰本想先回家等待一段时日，在父母面前尽一尽孝。再者，考中的人那么多，没有几年时间，也不可能有空缺的职位留给他。然而正当狄仁杰主仆二人收拾行装时，有人告知他已被任命为汴州判佐。

这个官职的主要职责是协助州府衙门的长官处理事务。

领受任命，狄仁杰没有回家，直接向着汴州出发了。

汴州就是现在的开封，中原腹地，濒临黄河，距离河阳也不太远。前朝炀帝穷尽人力物力，修建了两千多千米的运河，汴河贯穿其间。贞观元年

（627），设立河南道，汴州是其辖区之一。

汴州府衙中，官员众多，狄仁杰到任后，并没有受到热烈欢迎。毕竟，他这样的官阶，在汴州府衙中，起码也有七八个之多。他的祖父虽曾做过尚书左丞，但早已去职，人也不在世了。

狄仁杰觉得，官职虽小，可是责任重大，既然为官，就要力所能及地做好本职工作，尽可能地造福一方，使得黎民百姓安居乐业。亚圣孟子有言："得志，与民由之，不得志，独行其道。"既然步入官场，就要为更多的人谋福利，为国家的太平而恪尽职守，勤勉工作。

甫一上任，按照上级的要求，狄仁杰主要负责州内各种案件复审与检查工作。这对于狄仁杰，虽不能说轻车熟路，但他天生就对推理和案件侦破有着异乎寻常的天赋与能力。

这些年来，汴州堆积了不少没有明断的案件，有的模棱两可，有的干脆束之高阁，有的法理不清，有的明显错判。整理完毕，狄仁杰将此事禀明，得到了上级的支持和允许，狄仁杰将旧案一一重新审理量判。

随后，又择日集中判案，多年不决的案件一朝公断，使得当事人既感激，又愤恨。蒙冤者得到清白，钱物等重归旧主，当然欢喜。而不法者则付出应有的代价，当然不甘而惶恐。

仅仅一个多月，狄仁杰便将累积多年的案件全部理清了，错的组织重新调查取证、依法审判，对的建档存留。如此的办事效率和能力，盖汴州乃至全唐绝无仅有。因此，狄仁杰也初步积攒了良好的政声，为州府主官所倚重。

但木秀于林风必摧之，这也是一个长久以来的规律，尤其是官场的人和人之间。

不知不觉，一年过去了。时值夏日，刺史接到皇帝诏令，立即召集全体人员开会。

刺史正色说："各位同僚，圣上诏令阎立本阎大人为河南道黜陟史，巡查州府政务。"众人肃然。刺史大人又说："即日起，请各位做好分内事，以备巡查，谁出问题，本府便拿谁是问。"

众人诺诺。

阎立本原是隋朝旧臣，其外公乃是北周武帝宇文邕，其父名为阎毗，其母为清都公主。其兄阎立德为朝散大夫、将作大监，同时也是画家。由隋入唐后，阎立本历任将作大匠、工部尚书等职，总章元年（668）拜相。

对于上级巡检，心不藏私的狄仁杰自信没有任何问题。可没想到，有一天，突然有人传话，阎立本大人要狄仁杰前去接受问话。狄仁杰一听，心里有点奇怪，但觉得自己没有任何可遭人指摘与诬告的地方，心底无私，便坦然领命前往。走到阎大人临时办公的地方，被人引进。

阎立本正在等他。

狄仁杰不慌不忙，以官场礼节上前拜见，肃立一旁。

阎立本目不转睛地盯着狄仁杰看，狄仁杰也双目相迎。

阎立本说："我阎某人向来自恃画工了得，也擅长识人荐才，且说这许多年以来，时常为人画像，迄今难以计数。每次与人对视，或目光闪烁，或扭头他顾，惶惶然者多，像你这样敢与我四目相接，阎某平生还是第一次遇到。"

狄仁杰说："阎大人之画，驰名久矣，世人盛传。"

阎立本哈哈笑说："朝野确实有些称赞，这些说辞，有抬举我阎某人之嫌，所谓丹青水墨，无非雕虫小技而已。"

狄仁杰说："大人谦逊，工笔水墨之才，丹青照壁之能，宫殿将作之巧，也非人人俱能。大人此艺此术，在下虽不敢说前无古人，后无来者，但至少当世无人能及。"

狄仁杰与阎立本如此一番言语，感觉颇为投缘。

少顷，阎立本从桌上拿了一封书信，递给狄仁杰，对他说："你自己看看吧。"狄仁杰惊异，打开一看，原来是一位同僚诬告他在判案中徇私枉法，又兼顶撞上司、与同僚交恶等数条罪名。

狄仁杰笑了。

阎立本说："狄大人何以发笑？"

狄仁杰说："回大人，此人此信，不足为凭，下官觉得荒谬。在汴州府衙这几年，在下从未消极怠工，该做的一定要做，即使不在分内，能做的也要做。作为地方小吏，在下从不因自己职位低微而疏忽职守，不以个人得失为计，为的是我大唐之江山社稷，为的是汴州治下数十万黎民百姓。当然，卑职在履行公务期间，也有与上司意见相左之时，但都当面陈述，绝不在背后议论，大言炎炎，小言詹詹。与同僚相互信赖，从未因为个人私事而卑污他人。至于这信上所言，一半真，一半假。真的是在下殚精竭虑，恪尽职守，假的是，在下从未因私废公，以权谋私。倒是这位同僚，他的亲戚仗恃其在府衙做官，强占邻人土地，又在判案时徇私枉法，被在下纠正之后，可能有些怀恨在心。另外，大人有所不知，此人与在下早年有过节。"

原来，这个诬告狄仁杰的人，便是早年间被狄仁杰呵斥过的那位捕头，现在也官升一级，到汴州担任判佐了。新仇加旧恨，便想借阎立本大人之手，整治整治狄仁杰。

听了狄仁杰的一番话，阎立本觉得，狄仁杰不仅为人有铿锵之气，做事也缜密从容，其思想境界和气象，远远超过了本朝同级官吏的水平，此人绝不会止步于当一个地方官员，必将行走于庙堂之高，智谋于家国王室之大计。

想到这里，阎立本欣喜：这一次外出巡查，发现狄仁杰这样的人才，已经是最大的收获了。

尽管如此，阎立本还是按程序办事，未将心中所想表露出来。

狄仁杰前脚刚走出驿馆的大门，阎立本就对随行的学生说："老夫多年混迹官场，行走朝堂，阅人之众，当以千百计，但凡与我对视片刻者，鲜有目光不躲闪的，这个狄仁杰当是第一人。"

次日上午，狄仁杰正在处理公务，又有人来传达："阎大人有请。"

狄仁杰正了衣冠，又洗了脸，径直去了驿馆。

这一次，阎立本没有再提别人诬告狄仁杰之事。只是与他喝茶聊天，两人言语往来，不觉已过午时，极为投机。

阎立本感叹："孔圣人说'观过知仁'，而怀英你正是如此，于我朝可谓是沧海遗珠，光芒烁烁，只是被尘土所埋罢了。不过，在老夫看来，这只是一时的，怀英之前途，必定犹如鲲鹏展翅，鲜有人能及。"

狄仁杰闻听，躬身道："阎大人谬赞了，下官德能尚还欠缺，唯有恪尽职守，兢兢业业，方才不负朝廷与阎大人期望。"

北斗以南

　　阎立本对狄仁杰的印象相当深刻。官员被诬告，面对上级问讯，辩解时定会怒发冲冠，言辞激烈，尽全力为自己澄清，而狄仁杰则不愠不怒，既不过多为自己辩解，也不责骂同僚。面对封疆大吏阎立本，也是不卑不亢，敢于直视，且其眼神始终坚毅，刚韧明澈，这说明狄仁杰乃是心底无私、光明磊落之人。

　　古来官场多察言观色之辈，上有所好，下必甚焉。狄仁杰如此别异，阎立本自然惊异。此后不久，阎立本推荐狄仁杰调任并州法曹。这个官职的职责是：司法参军事，掌鞫狱丽法，督盗贼，知赃贿没入。

就任途中，狄仁杰登上太行山，站在山顶上，仰望苍天流云，俯瞰北方山野。心中思潮澎湃，悠悠往事，蹉跎年华，不由得百感交集。尔后，他朝着河阳的方向，躬身连拜三次。

家仆狄虎问他："大人何以如此？"

狄仁杰说："白云之下，乃是亲舍所在。想我狄仁杰这么多年来，在官场尽职尽责，未曾一日懈怠，但没在双亲膝下侍奉，人之为人，孝义第一，今我路过此地，当遥拜高堂，聊解惭愧是也。"

由此也诞生了一个新成语，即"白云亲舍"。

到并州衙门，狄仁杰立即着手重新审理旧案、积案，为蒙冤者申冤，还其清白，对作奸犯科者予以相应的惩罚。

在并州衙门，狄仁杰有两个顶头上司，一是长史蔺仁基，一个是司马李孝廉。前者曾跟着太宗皇帝打过仗，立下不少功劳，后者为李唐亲属。一人专管政治、文化和经济，一个节制军队和营田。

这两个上司，起初关系还不错，后来因为一些利益、礼节、权力的纷争，还有在一些事务上，两人的处理意见不尽相同，所以有些冲突，以至于发

白云亲舍

展到谁也不买谁的账，工作起来相互之间不配合的程度。

狄仁杰察觉到了他的两个顶头上司之间的种种不睦。作为下级，狄仁杰当然不好说，也不能说。因为有些上级，会把他人的意见和建议当成对自己的不满，反过来和下属过不去。

并州之地，紧邻边陲，民族混居，虽然天下承平，但小规模的战乱还是不断发生。并州的建设规模、兵力配备，是全国级别较高的。因为一些案件的犯人不只是并州本地人，还有松漠地区和西域的，这就使得州府之间，要经常互动联络，以便侦破案件，协防群治，确保地方稳定。

在并州府衙，有一个不成文的规矩，各个法曹及其副职都要轮流出差，有的去安西和北庭都护府，有的去安东都护府，有些时候还要去更远的地方。这里毗邻北疆与西域，各部落商贩往来甚多，牵扯的衙门事务、案件及民间纠纷等也比较多，由于路途遥远、往行不便，所以凡相关事务，都是积攒起来，待到年末时候一并处理。

正值冬天，朔风呼啸，酷寒季节来临，草木

枯干，河流冰冻，茫茫大地之上，唯有霜雪横行无忌。

狄仁杰到任的这一年冬天，轮到同为法曹的郑崇质到北疆和西域公干。

这个郑崇质，为人本分，素常也极少与同僚往来。起初，人人都以为他性格怪僻，不怎么合群，时间久了才得知，郑崇质的家庭负担极重。前些年，父亲生病，不久，腰身以下就不能活动了，卧床多年后过世。其母亲也病在了床上，他的妻子虽然善良贤惠，可他的家中还有一双年幼的儿女，一个人实在料理不开。

这样的状况让郑崇质犯了愁，去北疆和西域，山高路远，凶险也多，家里的情况也使得他无法出这趟差。要是母亲身体安好，不需要人伺候的话，他硬着头皮去，倒也没什么，可这一次，他实在是难以成行。倘若找其他同僚代替，也不大好意思。人人皆知这差不好出，避之唯恐不及。求人的话，说不定有人可以代替，但这人情，却又难以偿还。

郑崇质家的情况，狄仁杰看到眼里，记在心

里。一天早上，狄仁杰带了一些松软的糕点，到郑崇质家，看望了他的母亲。郑崇质很是感动，看着狄仁杰，眼眶红红的。两人坐下，看着郑崇质，狄仁杰诚恳地说："郑兄，你也是艰难啊，令堂卧病，稚儿又懵懂，难以分忧，正是人生艰难之时。为人在世，孝义为先。兄之仁心，令人感佩！"

郑崇质苦笑一声，看着狄仁杰说："狄兄谬赞，我素来木讷，拙于言语，与同僚私交甚少。而狄兄高义，前来探望家母，这份情谊，恐难报答。"

狄仁杰笑笑，看着郑崇质说："郑兄多虑了，你我同为朝廷效力，又同在一地，朝暮可见，真乃上天有心。兄切勿以此为意。"郑崇质叹息一声，低下了头。狄仁杰又笑着对他说："郑兄，狄某有一事相求，不知可否？"

听了狄仁杰的话，郑崇质抬起头来，眼睛盯着狄仁杰，朗声说："狄兄尽请说来，郑某无不从命！"狄仁杰对郑崇质说："狄某不才，自幼练些拳脚，尤喜击剑，另外，性好游历，自并州、河阳，而至长安，可谓大路通天。不怕兄笑话，北疆西域之地，狄某向往已久，如可，请求郑兄，让狄某代兄公干，以偿狄某之夙愿。"

听了狄仁杰的一番话，郑崇质顿时哽咽，眼泪溢出，嘴唇有些颤抖地说："狄兄真乃郑某知己，如此恩义，不知如何报答。"狄仁杰说："郑兄，你我同僚，犹如臂膀，眼下你的情况，确实不适合出差。况且，狄某也是真心想去看看那大漠雪山，瀚海戈壁，倘若再过些年岁，恐怕就难以前往了。如此说来，狄某更当感谢郑兄成全了。"

郑崇质说："狄兄慷慨好义，善察人心，解人之难，在下惭愧，狄兄的恩情郑某铭感五内！"

狄仁杰笑说："郑兄不必客气，西域之地，狄某从前还没去过，这次，借兄的机会，去游历一番，于狄某而言，可了却素来向往之心愿矣。"

郑崇质起身，朝狄仁杰拜了下去。

狄仁杰读书勤奋，所知甚深，智虑深远，且练剑多年不辍，无论谋略还是武术都强于常人，一般人等，是近不了他身的。但他也知道，西域遥远，又是战乱之地，大唐与各国、各游牧部族之间的关系，也不怎么稳定。那些马背民族，常常朝降夕叛，叛乱征战，不知礼义。即便是相对和平的时期，也会有小股部队骚扰掳掠。再说，西域之地，各方面治安均不比王室之地，在路上难保不遇到强盗、劫匪甚至异邦的军队。自己有武艺在身，又熟悉各项公务，去北疆、西域公干一趟，不仅可以帮助同僚解决眼前的问题，而且还可以增加阅历。这样一举两得的事情，对他来说，并没有什么不好。

于是乎，狄仁杰就带着公文，骑着快马，并两个军曹，一起出发了。

西域之地，有众多游牧民族，他们快马长箭，彪悍至极。但沿途上也设有驿站公馆可供休息，好在当地驻军极为配合，狄仁杰这一趟，也算是有惊无险，顺利办完了公事，不觉已经三个多月了。

次年春天，他们日夜兼程，想早日赶回并州。尽管气候已经在变暖，柳树也吐出了嫩绿的枝条，野地里的杏花也含苞欲放。但风还是冷的，吹得人脸生疼。

狄仁杰一行人晓行夜宿，长途奔走，于柳枝出芽，东风送暖之际，回到了并州。

出乎意料的是，城门不仅已经打开，还很远就看到郑崇质等人早已在等候。他们马到近前，郑崇质等人看到，快步迎了上来，寒暄之后，郑崇质告诉狄仁杰："司马大人和长史大人已备好酒宴，等着为你们接风洗尘呢。"

狄仁杰觉得奇怪，不知何故。

郑崇质快步走到狄仁杰面前，笑着说："狄大人，您的高恩厚德，郑某感佩不已，正想着如何报答，没想到，蔺长史和李司马也都有心。"

原来，就在狄仁杰外出后不久，蔺仁基得知狄仁杰的行为兀自感喟良久，翌日一大早，便到李司马府上拜访。蔺长史对李司马说："狄怀英代郑崇质远途北疆、西域，遥遥路途，风霜雨雪不说，还处处艰危，伤身劳神，足可见此人胸襟之大，有体恤同僚的高义仁心。你我同为朝廷命官，共事并州，属下尚且如此，你我当勿争高下偏正，同心一力，为圣上分忧，为黎民造福才是。"

李司马说："贤兄所言极是，狄怀英之为，令人敬佩，仔细想来，李某也自觉惭愧不已，你我既往之事，乃是李某不对，这里，给蔺大人赔礼了!"说完，站起身来，朝着蔺仁基躬身下拜。

蔺仁基急忙起身，满脸愧色地对李孝廉说："是蔺某粗莽，对李大人多有不敬，蔺某给您赔罪了!"

蔺仁基说着，也朝着李孝廉拜了下去。

二人同时平身，面对面站着，看着对方，眼角不觉有了热泪。

唏嘘一番，李孝廉说："蔺兄，依在下看来，狄怀英日后必有一番大作为。"

听了李孝廉的话，蔺长史也正色说："大人所言极是，这狄怀英并非俗人，此后，你我以狄公称之，方才恰切!"

李司马双手击掌，说："对对对，仁兄说得好啊，在下记得太史公司马迁在评述李广将军的时候，曾经引用俗谚说，'桃李不言下自成蹊'。人自身品格高洁无瑕，必然会引得君子竞相投奔，人人钦佩。狄公言行，于公于人，皆可为当世之楷模也。"

蔺仁基说："狄公不仅古道热肠，乐于助人，且在素常公务之中，廉明高洁，勤勉不辍，明辨秋毫，判断得当。素怀大志，而能沉于繁杂之中，细察究分，无论官吏还是黎民，皆爱之、敬之，殊为难得。真可谓北斗以南，一人而已啊！"

李孝廉点点头，也说："以在下之眼光，这位狄兄，必定不是池中之物，他日定为朝廷柱国，位极人臣。"

蔺仁基随声附和。

狄仁杰公干回来，受到了李司马、蔺长史等人极大的尊敬与爱护，其美德与仁义之名也随之传扬开来。

狄仁杰贤而有德，能而仁义。远在长安的吏部官员也有所听闻。秋天时候，狄仁杰由并州调往长安，担任大理寺丞。

大理寺丞，主要职责是审判。

与在汴州、并州等地方官衙担任的职位相比，大理寺丞是朝廷中央官职。所要承担的责任也不是在并州和汴州时所能比的。

履职第一天，狄仁杰命人拿来历年的卷宗。这是他每到一地的习惯动作，也是他的工作职责所在。

林林总总，卷帙浩繁，狄仁杰一件一件审阅。

不知不觉间，日光西斜，狄仁杰步出大理寺衙门，径直往家走。

此时，华灯初上，街道上甚是热闹，吃饭的、摆摊的、游览的行人摩肩接踵。狄仁杰不由心里感慨，如此人间，倒也欢乐。可这世上，万事万物都是相对的，欢笑背后一定有人悲苦不堪，荣华之外，一定也有人贫苦。如此看来，这人间，从来就不是绝对公正的。而作为朝廷命官，要做的，便是为黎民百姓而鞠躬尽瘁，虽不能理判天下所有冤假错案，但也要尽到自己的本分，还人公道，给人安慰。尽量让所有的人，都有活下去的勇气。

狄夫人、狄光嗣和狄光远等人已经在等候狄仁杰一起用餐了，家仆狄虎见狄仁杰跨进家门，便差人通报。所有人坐定，吃饭之时，狄光嗣好奇地问狄仁杰："父亲，这长安果真大，果真繁华，想必大理寺衙门也是很大很威武的吧？"狄仁杰说："你说得不错，从外面看起来，不但威武，而且威严。但威武的，只是那些建筑，正道威严，才能够真正震慑人心。"

狄光远也说："父亲所言极是，建筑再威武雄壮，其本身无足观矣，真正威武、强悍的，还是手握国之公器者，他们所作所为，关乎江山社稷，民心向背。"

狄仁杰笑说："你俩都是饱读诗书之人，自会明白其中道理。人之为人，正也，善也，仁也。"

狄光嗣和狄光远见父亲脸色忽然严肃起来，也急忙正襟危坐，不住点头。

甫入朝廷中央机关，狄仁杰整理了旧案积案，逐一审理清楚后，才松了一口气。在狄仁杰看来，案件一日不清，受害者就多一分煎熬，正义和公理就会蒙尘。与他一起的同僚见狄仁杰如此勤勉，有赞赏的，也有说风凉话的。人就是这样，不一而足，求同存异罢了，狄仁杰觉得，在官场中，发生的这所有的事情，都极为正常。自己但求无愧于心吧。

一年后，狄仁杰审判了近万件案子，而且无一纰漏。这样的效率，在彼时朝堂，也仅狄仁杰一人而已。这也从另一方面证明，狄仁杰的工作，也得到了上级的认可。倘若遇到糊涂官，或者私心很重的上级，哪怕狄仁杰可以通天彻地，要想如此高效率、零差错地处理好本职工作，恐怕也会遭到没来由的刁难，甚至构陷。

狄仁杰的能力和政声，一时间在朝中被人看重，得到了一个"平恕"的美誉，即说他办案持平宽仁，正义仁慈。

有一年秋天，朝中又出了一件大事，令李治震怒不已。

每到秋天，草黄兽肥，皇帝出猎，武将们也经常组织狩猎与游玩活动。左威卫大将军权善才和右监门中郎将范怀义交好，一日，二人相约出游，分别带着家奴，同行至昭陵之外。骑马纵驰，弯弓射猎，收获了几样猎物，便令人寻了一个宽敞的地方，生火烤肉，饮酒作乐。

权善才和范怀义二人皆为武将出身，也曾多次出战，维护边疆安定，可谓战功赫赫。傍晚，落日西沉，二人喝得兴起，说到人之将老，生命短促，颇为伤感。为排解忧愁，两人以一匹马、一个婢女为赌注，比试斧力和体力。权善才正要抢铁斧砍树，忽然有几个兵卒冲来制止说："此乃先皇寝陵之所用，将军万万不可砍伐。"但喝醉了的权善才哪里管得了这些，分开兵士，对着一棵柏树连砍两斧，两尺多粗的柏树应声而折。范怀义也不甘落后，竟然赤膊走到一棵足有碗口粗的柏树跟前，双手一探，大喝一声，柏树竟然被他连根拔起。

昭陵的主人乃是太宗李世民，这两个臣子，居然用太宗陵墓附近的柏树来比试，这是何等的大逆不道！

守陵官兵见已无法阻止，只好据实上报。

李治看到奏报怒不可遏，呵斥道："你们这二厮胆大妄为，居然在太宗皇帝寝陵砍树，简直十恶不赦，令朕背负不孝之名！是可忍孰不可忍！速将这两个忤逆贼子拿下，明日午时，就地正法！"

一时间，朝堂一片寂静。群臣先是面面相觑，尔后又交头接耳。

这时候，忽听有人大声说："陛下，臣以为，此事欠妥。"

李治和众人一看，说话的，正是狄仁杰。

狄仁杰躬身上前，对李治说："陛下，权善才和范怀义二位皆是沙场宿将，跟随太宗皇帝多年，征战沙场，有功于朝廷社稷。前些日子，臣读旧史，汉文帝时，有人盗窃了高庙门前的玉环，文帝大怒，下令将盗者灭族。这时候，廷尉张释之劝谏说：'陛下，假如盗取了长陵一把土，将如何按律定其罪？'文帝一听，便知张释之话中的深意，随即改变主意，英明决断。臣也以为，用这样的方式去定罪杀人，是不妥当的。陛下您已经将法律悬挂在宫阙门上，昭告天下，号召万民遵从，并且，法律规定本来就有差别等次，罪不至于死，而让他们去死，这是什么缘故呢？现在，权善才、范怀义二位将军酒后误砍了几棵柏树，您就要把他们处斩，多年之后，后世之人再说起此事，会怎么议论您呢？"

李治面色稍有缓和，对着群臣说："狄爱卿所言，确乎其理，使犯罪者各得其刑罚，本是律法要义。倘若肆意定罪，有损律法本意，狄爱卿所言，朕应当听从。再者，国家之兴旺，在于仁臣，朕有狄怀英狄爱卿，于这朝堂之上，敢于犯颜直谏，就法论理，实为我大唐之幸，百姓之幸。百官可效之。"

随后，下诏赦免权善才和范怀义死罪，着令流放岭南。

狄仁杰的劝谏有理有据，而且，他与权善才、范怀义等人均为泛泛之交，所以他的行为并不是为一己私利，而是为了维护律法公正。能够在皇帝震怒时候直言正谏，这使得狄仁杰声名日隆，为人尊敬。

之后，狄仁杰又被擢升为侍御史，主要职责是监督朝廷官员，即发现问题，上报给上级官员，再禀奏皇帝，纠正朝廷不正之风。狄仁杰深知，官员清廉、遵纪守法与否，关系到王朝执政的根基，也关系到黎民百姓的福祉。在狄仁杰看来，国家最根本的东西，还是民心，只有民心稳固，江山社稷才能稳固。所谓"民为贵，社稷次之，君为轻"是也。

刚直不阿

　　光阴荏苒，寒暑易节，转眼又是一年的春天。帝都长安，柳枝条条发绿，迎春的花卉也都含苞欲放。李治和武则天等人性情所致，在宫苑踏春，忽有一股冷风，夹杂着细碎的尘土漫过宫殿的高墙，李治身体本来就弱，风一吹，忍不住打了一个喷嚏，身边的宦官急忙递上手绢。在一旁的武则天柔声说："陛下，还是回宫吧。如此寒气，恐有伤龙体。"

　　李治将手绢递给宦官，看着有些陈旧的房檐说："太宗在世之时，节俭太重，唯恐朝野认为皇室奢靡，这宫墙檐角，内外陈设，也逐年陈旧，多处破损不堪，还有一些，已经不能居住了。"

恰好随在身边的武承嗣闻听，灵机一动，认为这是一个好机会，急忙上前躬身拜倒说："陛下，臣以为，如今天下太平，国库充盈，这宫殿，交与有司维修即可。"李治没有回应武承嗣的话，回转身，看着武则天说："吐蕃、突厥等贼寇，连年犯我西域、辽东、河西等地，前方将士奋死为国，浴血作战，多少人生离死别，国库吃紧，税收每年增加，朕作为一国之主，怎能大兴土木？"

武则天斜了一眼武承嗣。

武承嗣脸色微微一寒，低头退在一边。

回过脸，武则天笑着对李治说："陛下所虑极是。吐蕃、突厥等连年犯疆，狼子野心，始终为我大唐祸患，陛下心怀天下，忧国忧民，修葺宫殿之事，也不必急在一时，待前方奏捷，民生安定之后，再商议维修事宜，犹未为迟。"

谁知，说者无心，听者有意。武承嗣以为，皇帝必然是很想住新的宫殿，毕竟，这也是人之常情。如果趁此机会，为皇帝修葺宫殿，必定得其欢心。

回府之后，武承嗣和一些武氏官员就找来了韦弘机。

韦弘机的发迹史，肇始于贞观十二年（638）。斯时，突厥内部发生动乱，分裂成东西突厥。西突厥拥立乙毗咄陆为可汗，乙毗咄陆可汗反叛唐帝国，并联合高昌等小国，阻断西域交通，致使商贾和军队等日常商贸、公务往来停滞。那时候，韦弘机等人正在西域劳军，突厥内乱，他们也被困于伊犁。此人颇为有心，趁此访查物产、地理、文化、民族、疆域等，写成《西征记》一书，待回到长安，呈献给太宗李世民，李世民阅后大喜，擢升韦弘机为朝散大夫，高宗即位后又为檀州刺史。

高宗显庆年间，韦弘机被擢升为司农卿。

到武承嗣府上，宾主坐定，武承嗣看着韦弘机说："韦大人，皇家宫殿多处破损，有些房间已经无法居住。待到明日上朝，你先行提出，我随声附和。另再联合几位大人，一同要求皇上从国库拨款，立即着手修缮。"

韦弘机心想，这是武承嗣等人投皇帝所好之举，倒也不是什么难事，而且是为皇家着想，即使不成，陛下也不会怪罪。如此，既不得罪如日中天的武承嗣，还能送他一个人情。

韦弘机当即说："武大人吩咐，在下照办就是。"

次日上朝，韦弘机上奏，请李治修缮宫殿，武承嗣等人随声附和。但尚书左仆射刘仁轨等人听后，参奏："今边患频仍，将士浴血，且税收逐年增加，民众不堪重负。此际修葺宫阙，恐不适宜。"

李治也有些犯难，正在犹豫不决之时，韦弘机继续参奏："微臣任司农卿以来，办事颇为节俭。陛下向来体恤天下，多年没有修缮宫中住所，我煌煌天朝帝国，宫阙寒碜，恐外邦蛮夷轻视。属下令人点查，本年内，库中还有三十多万缗的盈余，用来修缮宫殿，并另造几座，想来绰绰有余。"

高宗心头一喜，当即批准，并下诏命韦弘机兼任将作、少府二职，负责修缮宫殿一事。

刘仁轨等人欲再劝谏，李治已下旨散朝。

于是乎，由韦弘机等人牵头，修缮皇宫，并在禁苑以东新建了上阳宫。不日建成，选了一个黄道吉日，在武承嗣、武三思和韦弘机等人陪同下，李治和武则天前往检视，只见宫阙堂皇，檐壁鎏金，琉璃青瓦，气势巍峨，宫殿前还有一汪湖水，浩浩汤汤，清波流碧，楼台高大，视野开阔，适宜远眺近观。上阳宫的北面，还新建了一片面积巨大、亭台楼阁曲折环绕的繁美苑圃，向南便可俯瞰悠悠洛水。

李治和武则天大喜，几天后，便移驾上阳宫居住。

这件事本不是什么大事。但新建的宫殿规模，绝非用三十万缗就可以完成的。

韦弘机虽然有功于朝廷，可不仅贪贿，还极其善于钻营。

刘仁轨等人认为，区区三十万缗，修葺宫殿至如此规模绝对不够。想必韦弘机是以贪污之财，来修葺皇家宫殿，如此做法，乃是另一种行贿，且受用者还是当朝皇帝。此风不可长，倘若众臣效仿，必有小人趋之若鹜。

几天后的一个晚上，刘仁轨命人请来侍御史狄仁杰。宾主坐定，刘仁轨对狄仁杰说了韦弘机的事情。狄仁杰听后，认为此事确实如刘仁轨所言，此风一开，必将有小人以各种方式博皇帝欢心，以至于朝中贿赂之风盛行，不利于朝廷，更不利于吏治。必须法办韦弘机之流，杜绝此类邪气滋生蔓延。

狄仁杰当然也知道，区区三十万缗，修葺倒是可以，而韦弘机不仅修葺了旧宫殿，还另造且有所扩充，如此规模，没有五百万缗绝无可能。

刘仁轨说："皇帝者，万民之圣。为天下之共主，非一人之皇帝，此风一开，朝野之中必定多有诟病。无耻小人，如法炮制，长此以往，朝纲必定混乱，不可不止。"

狄仁杰说："刘大人所言极是，韦弘机此为，乃是祸乱朝纲之举，狄某身为朝廷命官，又是侍御史，责任在此，无可推脱。"

翌日一大早，在朝堂上，狄仁杰出列，参奏道："陛下，韦弘机所修之上阳宫，何等奢华，曲曲三十万缗怎么能够？如果不够，其他银两花销从何而来？难道是韦大人自己所付？若是韦大人自家的积蓄，何以有如此之多？以司农卿之俸禄，恐怕要上百年才能攒够。此人以来路不正之钱财，为陛

在朝堂上，狄仁杰出列，参奏韦弘机

下修筑宫殿，一则会导致奸佞之人异想天开，蝇营狗苟，投机朝廷，二则陛下住所如此奢华，令朝野瞠目，是为君王好奢侈之开端。臣以为，必须彻查此次修建宫殿款项的来路，量刑处罚。以免祸乱吏治，还朝廷清明之道。"

距离上阳宫建成已经过去了十多天，谁也没想到，狄仁杰居然再次提及。李治和武则天听了狄仁杰一番话，脸色发沉，正要怒斥，刘仁轨也站出来说："陛下，臣以为，狄仁杰所言不虚，宜责有司调查。"

李治和武则天面面相觑。

韦弘机急忙辩解："臣请陛下、天后明鉴，臣一心为国，忠心陛下，修建宫殿，乃是为吾皇和天后身体所想，亦为国本所虑，绝无私心！"

狄仁杰说："既然韦大人心向吾皇，又何以在此用兵之际，耗费巨资，修建宫殿，这传到边关前线，将士们听说之后，又将作何感想？"

正在此时，其他正直臣子也站出来，附和狄仁杰和刘仁轨。

也有一些阿谀奉承的大臣纷纷替韦弘机辩解。

一时间，双方高声大语，争辩不已。

李治高声说："此事暂且不议。"说完，便拂袖而去。

当晚，韦弘机到狄府拜见。宾主落座，韦弘机说："宫殿之事，乃是二圣之意，现已修起，陛下天后也都满意，狄大人为何要如此扫兴呢？"

狄仁杰笑说："如此看来，在下所料不错，司农卿大人今晚造访，是来找狄某问罪的。"韦弘机讪笑一声，说："在下不敢啊，狄大人。"然后沉吟了一下，对狄仁杰说："狄大人，这么多年以来，你我同朝为官，素来关系融洽，此前和今后，韦某不曾也断不会在任何事情上为难狄大人您。"

韦弘机言下之意，是希望狄仁杰就此罢手，不再以此事弹劾他。

狄仁杰却说："韦大人所言不错，你我之间并无私人恩怨，多年来，也从无隔阂。可在下以为，为朝廷命官的臣子，所作所为，为的是江山社稷，生民福祉，此乃本分也是责任，岂可因小利私情而罔顾天下？"韦弘机听了，眼神黯淡，思考了一会儿，心里明白，狄仁杰已经下定决心，没了回旋余地，也知道再说无益，便悻悻然起身告辞。

之后上朝时，狄仁杰再次就此事弹劾韦弘机，言辞激烈，毫不妥协。

李治和武则天虽有些恼怒，但狄仁杰所说的话句句在理，不仅如此，狄仁杰出面弹劾韦弘机之后，刘仁轨等大臣等也出列附和狄仁杰所奏。

李治和武则天见此情景，知道再也难以偏袒韦弘机了。尽管心里有些不情愿，但碍于群臣反对，更为了安抚刘仁轨等臣子的忠直之心，犹豫再三，当即罢免了韦弘机的司农卿的官职，令其回家养老。

忠心为国

弹劾韦弘机一事，使得狄仁杰的刚直之名在朝中日隆。

此时，朝中有一名为王本立之人，任尚书左司郎中。王本立此人有些浅薄，得任高官，便飞扬跋扈起来。《周易》言："德薄而位尊，知小而谋大，力小而任重，鲜不及矣。"凡是境界不高，才能一般，却又对自身行为不加约束的人，一旦得势，必定张狂，飞扬跋扈，不知收敛。

王本立就是如此，强占田地，也做起了生意，利用官位，为亲戚家人捞好处，仗恃皇帝恩宠，辱骂排挤同僚。

狄仁杰觉得王本立的所作所为，有辱朝廷，愧对皇帝信任。就此，狄仁杰参劾："王本立自恃有功，在同僚和京城横行霸道，强占他人田土，又与不法商贾往来，且证据确凿，无以宽恕。按律，应交有司进行审判，依照律法定罪。"

李治听了，未置可否。他以为，王本立有功于朝廷，若因为这点小事而治他的罪，于心不忍。

狄仁杰见皇帝有意偏袒，不依不饶地说："食君之禄，分君之忧，乃是臣子本分，恪尽职守，清正廉洁，也是臣子本分。倘若人人自恃有功，而多行不法之事，何以面对皇天后土，天下苍生？"

李治虽然明白是这个道理，但确实不想严厉惩治王本立，为了安抚狄仁杰等朝臣，轻描淡写地说："王本立于社稷有功，又新任左司郎中，朝廷正在用人之际，此次就免了对他的责罚。若有再犯，绝不宽贷。"

但在狄仁杰看来，这样的事情，绝不能宽恕，虽然是王本立一人犯罪，但对朝廷群僚的影响极其恶劣，不治他的罪，朝野上下就会有人效仿，导致邪气歪风蔓延。

狄仁杰再次上奏："陛下，如因缺乏人才，就赦免王本立的罪，朝中人才众多，岂非人人都可被特殊对待。陛下您怜惜他，也不该破坏您亲自定下的法律。臣以为，罔顾律法，于朝廷不利，于吏治不利，于家国不利，于生民不利。必须按照律法，对王本立之非法作为予以惩治，方才能安人心，正律法。"

狄仁杰一再参奏，且不达目的不罢休，李治当然有些不悦。但转念一想，狄仁杰也是忠心昭昭，说的也极在理，王本立所犯条款，律法中确实也有相应刑罚，倘若继续纵容其胡作非为，恐朝野议论，难绝天下悠悠众口，也会影响其他大臣。遂下诏，依照律法治王本立的罪。

惩治了王本立，百官震动，朝中不法之徒顿然收敛。

正当此时，唐朝周边一些游牧民族连续骚扰边境，不断攻打唐朝边境州府。一时间，朝廷招募兵勇日多，尽管多次击退，但在作战之中，一些士兵被俘或者被敌军冲散。碍于军纪，这些士兵有家难回，于是，便聚合起来，在岐州一带以抢掠度日。

岐州地方官上报之后，高宗令狄仁杰带人前往调查此事。

　　事关社会与军心、民心稳定，狄仁杰不敢怠慢，当即带着百余名卫士，由长安，径直往岐州而去。行至一座山中，只见峰峦无际，密林匝匝。他心想，此地应当多加小心。果不其然，忽听一声牛角号响，从密林里迅速窜出数百人，个个持刀，样子凶悍。狄仁杰上前一看，只见这些人等，穿的还是军服，心想真可谓得来全不费工夫，便走出护卫的保护圈，径直站在队伍前面，大声说："如果狄某没有猜错的话，你们就是人所惧怕的前军队兵卒了。"

　　这些人一听，个个神色诧异。

　　狄仁杰又向前几步，面色和蔼地说："各位兄弟，我大唐兵士，素来勇悍善战，个个也都是忠君爱国的好男儿，无论在西域还是辽东，在河西还是河湟，杀敌之勇猛，作战之娴熟，为众恶贼所惧怕。尔等沦落至此，想来也是心有不甘。自古以来，哪个兵士不想舍身报国，不想因军功而起，成为一代名将？这一次，我狄某奉当今圣上命令，前来剿抚。狄某知道，上天有好生之德，黎民有求生本能，你们说说，你们当中，哪个不愿意守着父母妻儿，乐享天伦呢？倘若你们放下兵器，我狄某定会在皇帝面前尽力上言，不杀尔等一人，且放你们回家。当然，有愿意再回军营者，亦既往不咎。"

这一番话，道理昭昭，说到了这些逃兵的心里。其中一个军士率先扔下长矛，其他人一看，也纷纷丢了兵刃。

狄仁杰说："我看诸位相貌堂堂，魁梧伟岸，不少人身上还有大小不同的伤疤，就知道，你们一定是作战多年的赤心英雄。狄某今天既然答应你们，就绝不会食言。只是暂时还要委屈一下大家，且随我等去往岐州，在监狱中稍待些时日，但相信不会太久，你们就可以和家人、战友团聚了。"

那些兵士一听，面面相觑，不知如何是好。狄仁杰看出了他们的疑虑，撇开自己身边剑拔弩张的守卫，径直走到为首的那位军曹面前，拉住他的手，笑着说："想必大家都知道我狄某的为人，若有食言，皇天不饶。"

狄仁杰刚说到这里，那位军曹突然说："敢问您是狄仁杰狄大人吗？"狄仁杰笑呵呵地说："在下正是。"

那位军曹激动地攥着狄仁杰的手说："呀！狄大人，没想到会遇到您啊，狄大人为官为人，小的们早有耳闻。我等有幸，愿听凭狄大人发落，虽死无憾。"

到岐州之后，众军卒自觉入狱，对官府和官兵极为配合，逐一按了手印，其间，竟然无一人逃跑和反抗。

当晚，狄仁杰便书写奏章，陈奏道："想当年，太宗皇帝曾释放罪人回家过年，来年春归，无一人不还。这些军卒之所以落草为寇，盖因作战中被冲散，有家归不得，再入军队又担心受责罚。在抢掠过程中，这些军卒并未伤害人命，更无大恶，恳请陛下宽宥他们，想从军的可再转入其他军中，想回家的，也由他们回去。以皇帝德仁感化天下，令生民各得其所，善莫大焉。"

李治收到奏章，大喜，对群臣说："狄爱卿言之有理，处事得当，周到适宜，是为上顺天意、下达民情之举，真乃贤臣也。常言说，与其夺其命，不如得其心。如此善仁之事，狄爱卿已经替朕考虑到了，何其幸哉！"话毕，着即刻张布诏令，凡逃散无恶迹之军卒，皆无罪。

办完这趟公差，狄仁杰之名日隆，朝野上下，皆以狄公尊称。狄仁杰之贤能，及其为政事迹，在朝中广为传颂。

之后，狄仁杰升任度支郎中，这个官职，隶属尚书省，主要职责是统筹和支调全国财赋。甫一到任，狄仁杰就对全国财赋情况进行清查，依次造册。

当年夏天，天气尤其炎热，以至于都城附近山岗与野地草木焦枯，酷暑难耐。李治和武则天临时决定，要去汾阳宫避暑。狄仁杰身为知顿使，当然要负责皇帝沿途吃穿用度。

时任并州长史的李冲玄闻听皇帝要来，自然是十分重视。他想到，皇帝自都城来，必定会路过位于平定县的妒女祠。民间传说，这个地方甚是奇怪，人穿着华丽的衣服路过此地时，必定雷电交加。为确保皇帝安全，李冲玄立即征发数万人，新开一条御道，以避开妒女祠。

狄仁杰知道此事后，思忖良久，令李冲玄停工。狄仁杰说："天子之行，风伯清尘，雨师洒道，区区妒女，怎敢作乱？现在新开御道，劳民伤财，不如原路出行！"

李冲玄当即作罢。

汾阳宫为前朝隋炀帝杨广所建，规模颇为宏大，殿宇明亮华丽，栈道回廊，曲径通幽，陈设极为典雅华贵。前朝炀帝多次在此狩猎，与群臣商讨国家大事，也曾在这里接见外国使臣。

这一次，高宗和武则天前往，也只是避暑，并没有其他特别用意。

数天后，皇帝一行往汾阳宫而去，路过妒女祠的时候，并无任何异常。夏天的汾阳宫，草木繁茂，众鸟高飞，气候果真凉爽宜人。李治和武则天颇为满意，在此住了一个月，才摆驾回宫。

事后，李治得知狄仁杰曾制止李冲玄重新修建御道一事，夸赞狄仁杰说："狄爱卿，乃真丈夫也！"

这一次巡幸之后，高宗李治的病日渐严重，以至于双眼视物不清，几乎成了失明之人。

此时，武则天逐渐掌握了最高权力。

高宗李治执政的最后几年，二圣临朝，东北和西域的战事不断，尤其是武则天及其家族对李唐宗室的杀戮、构陷，以及对其他反对派的打击，使得李唐子孙人人自危。李治大致也是心知肚明，但已经无法控制局面。很多次，武则天干涉内政，言语不逊，俨然皇帝口吻，李治勃然大怒，说要废掉她。

可话刚一出口，还没做出安排，武则天就已经得知。李治也才发现，自己身边的所有人，基本上都成了武则天的密探。

民间一直都流传着一个说法，说是早在太宗朝，袁天罡和李淳风就已经预测到了。为此事，太宗李世民曾多次召见袁天罡和李淳风询问解决之道。

但两人对李世民说："这是天意，无法更改。"

李世民恼怒说："天下武氏尽斩之，可免乎？"

袁天罡和李淳风扑通一声跪在地上，劝诫说："陛下，此举万万不可，倘若如此，李氏王朝必定会断送。顺应天意，此武氏之人只不过掌控数年，江山社稷还终将是陛下李氏之后的。"

太宗仰天长叹说:"果如卿所言,天意既定,徒呼奈何?"

安边平庙

唐高宗弘道元年（683），李治驾崩，遗诏太子李显在其灵柩前继位，有军国之事不能决断的，可请武则天予以处理决断。这样一来，整个皇权，悉数落在了武则天手中。对此，朝野议论纷纷，尤其是李氏和武氏家族的人员，争相拉拢大臣。一方要求武则天彻底让位，还政中宗李显。另一方则极力怂恿武则天废掉李显，另立自己的侄子武承嗣为太子。

朝臣各站一方，相持不下。

在这两者之间，武则天始终犹豫不定，难以决断。朝中大臣，也一再就此事参奏，武氏一脉及被其笼络之人，自然偏向劝谏武则天立武氏之后为皇储，昔年李唐的臣子，也在力劝武则天以李唐之后为大位继承人。

双方各说各理，各尽其能，但武则天始终举棋不定。

垂拱二年（686），远离京师的宁州（今甘肃宁县）因缺少雨水又地僻路远，十年九旱，民众苦困。再加上周边游牧民族不断侵扰，使得民不聊生，到处荒芜凋敝，这种情况急需一位能力出众的官员前往处理。

在举荐官员的时候，武则天再次想到狄仁杰，便命他任宁州刺史，克日赴任。

对于狄仁杰来说，宁州既是陌生之地，也是凶险之所。尽管，早在并州法曹任上，他就曾去过西域，但也只是匆匆路过，没有详细考察，对那边的社会情况完全不了解。

凡是新官上任，必定会烧三把火，狄仁杰亦然。为了摸清情况，到任之初，狄仁杰便轻装简从，到街上及附近的村庄探访。他看到，由于连年兵祸，经济无从发展，百姓生活在三重苦难之中：一是贼寇的抢掠，周边游牧民族政权时而降服，忽

为了摸清情况，到任之初，狄仁杰便轻装简从，到街上及附近的村庄探访。

而又反叛，不断纵兵袭扰、抢掠，攻州掠县，抢掠奸杀，无恶不作；二是官府的赋税太重，名目繁多，生民不堪重负；三是救济款不是被各级衙门克扣，就是被本地官员变着法子冒领，中饱私囊。狄仁杰看到签字画押的人名千奇百怪，便知道当中一定有问题。

经过一番深思，狄仁杰决定召开州府全体官员会议。

宁州地方官员，悉数到场，面对众人，狄仁杰义正辞严地说："在下蒙圣恩，受命忝为宁州刺史。上任以来，连日走访，狄某看到，宁州生民流离，战火频仍，流徙去乡者十之有三，衣不遮体、食不果腹者何止十万！我等作为百姓父母官，受命于圣上，牧养生民，治理一方，此情此景，我等身为朝廷命官，于心何忍？此前，在下听说有克扣救济钱粮之事，且屡禁不绝，有甚者，公然索贿，嚣张至极，与恶势力伙同勾结，鱼肉乡里，此等劣迹，必须肃清。朝廷既然以狄某为宁州刺史，狄某必须履职尽责，誓要察查清楚，方能不负皇恩。但念及各位常年在此，为百姓和防务军备用心献智，也是辛苦。即日起，凡侵吞救济款者，只要主动还回，便可既往不咎，如心存侥幸，本官绝不姑息。"

此言一出，众人愕然。

次日，前来交回款项的官员络绎不绝，持续了整整一个上午。主簿将账目送给狄仁杰过目。狄仁杰逐一翻阅，从记录上看，尽管有不少人退回了赃款，可还有一些官员没有退回。

次日一大早，狄仁杰以召开会议的名义，令没有退回钱款的官员们坐在一起，然后又令人将冒领款项，签字画押的人传唤了来，令他们自己比对。这些官员看到狄仁杰如此决心，明白此事并非法不责众，走走过场，而是要来真的。他们心中明白，这一次，不退回款项，无论如何过不了关。

于是乎，官吏纷纷退款。

收齐款项后，狄仁杰令差人挨门挨户收集情况，一一登记造册，核实完毕，再通知百姓来领取。

狄仁杰这一作为，民众纷纷欢呼雀跃，感谢上苍和朝廷，给他们派来了清廉的父母官。

不过数月，狄仁杰于宁州，声誉鹊起，为了感念狄仁杰的恩德，当地百姓自发地组织起来，为狄仁杰修建了一座生祠。

在狄仁杰看来，宁州位于边疆，要想长期安定，各级官员都应履职尽责，为民着想，丝毫不可侵犯民众毫厘之利，如此，方才能够赢得民心。再者，军民必须团结一心，内外一致，将士才不会有后顾之忧，民众也才有安全感。

宁州虽然民族众多，但对于普通民众来说，无非求得一日三餐，生活安稳，民族相互之间并无仇怨，以联姻、生产等联结，达至融合，利益关联，便会形成整体，一致对外。至于游牧民族政权的侵扰，短时间内不可能休止，需从长计议。比较适合的方式，即兵民融合，使其勤于练习防御与进攻之术的同时，也要参与民众生产，战时迅速集结，共同御敌与反击，其他时候则兵民一体，相互支撑，方才使得边疆防务持续加强。

翌年春天，身为御史的郭翰奉命前往宁州等地巡察，狄仁杰之政绩名声，使得郭翰非常佩服，回到京城，即向武则天奏明情况。

武则天欣喜，赞叹说："狄仁杰在宁州的作为，正是百姓所想，朝廷所需，其施政安民之策，堪为各边疆州府之楷模。"

郭翰又进言："当下工部缺主官，臣以为，狄仁杰完全可以当得此职。"

垂拱三年（687），武则天下诏，擢升狄仁杰为冬官侍郎。所谓的冬官侍郎，也就是工部侍郎。

当年仲夏，全国各地连降暴雨，多地涝灾严重，不少地方民舍被冲毁，田地被淹，生民无奈只能被迫流离，到邻省乞讨。其中，河南道、河北道等地最为严重，不少良田成为泽国，庄稼颗粒无收，导致民众抛家离舍，到处乞讨，慢慢地，足有百万之众。民众逃难和流亡，随时都有可能爆发大规模的社会性事件。

武则天着令狄仁杰与司属卿王及善、司府卿欧阳通为安抚使，迅速赶赴灾区赈灾。

在救灾方面，唐朝政府沿用的还是隋朝的方法，即在各级官府衙门均设有仓储，积谷备荒，用以应对各种天灾人祸，以解不时之需。

唐代有法律规定："凡义仓之粟，唯荒年给

粮，不得杂用。若有不熟之处，随须给贷及种子，皆申尚书省奏闻。""凡义仓所以备岁不足，常平仓所以均贵贱也。"

狄仁杰等人还没启程，就接到不少地方官吏的报表和状子，有报告说：有数万饥民拖家带口，一路向着京师而来，沿途县衙分别派出捕快和守军，拦截、驱赶灾民。有灾民和当地衙门所派军卒发生冲突，其中，有三十多名灾民被打死打伤，其他灾民蜂拥而上，包围了该县衙门。

狄仁杰当即命令王及善等人先行到河南处理此事。临行之前，狄仁杰特别交代王及善说："此事关乎全体灾民，倘若处理不当，说不定会激发民变，不可不慎。你到的时候，先准备一些粮食，尤其熟食，尽快分给灾民，另要及时就地埋锅做饭，再组织人马伐树建屋，尽量安排好他们的起居与饮食。另外，对于那些想返回故里的民众，可适当分给一些银两，并布告沿途州县，不得刁难返乡灾民。"

王及善带着粮草和大队人马先行出发，狄仁杰一行随后开拔。一路上，晓行夜宿，不日到达。刚安顿下来，狄仁杰就带着家仆狄虎，在灾民居住点暗访。从大多数人的口中，狄仁杰了解到，多数灾民并不想闹事，而且回乡的心情极为迫切。尽管有人被打死打伤，灾民们也都觉得人死不能复生，最重要的是让生者生得其所，让死者尽快入土为安，快点回到平静的生活。

回到驿馆，狄仁杰找来当地县令，查阅了当时的案卷。他看到，有些兵卒和捕快在灾民冲撞路卡的时候，强行拦阻，双方先是发生冲突，事态不可控制时，有些军卒才动了刀枪，但并不是针对灾民，都是在冲突中误伤的。这样的情况，难说谁对谁错，但用刀枪害人性命，伤人躯体，无法饶恕。不过，兵卒和衙役也都照着当地长官命令行事，行为虽过分，但也是尽职；灾民的目的在于求生，也不在于闹事。

思虑再三，狄仁杰将带头动刀枪的兵卒按律治罪，视情节轻重，或判其服劳役或罚款，尽量不判处死刑。与此同时，按照死伤程度，发给死者家属一定的抚恤金，并尽早安排他们回乡或者就地妥善安置。

处理完后，狄仁杰书写奏章，将这些情况据实奏报，令人快马送往京都。武则天接到奏章，见狄仁杰处理得当，既安抚了民心，又遏制了可能引发的事端。这对朝廷来说，是最好不过的事情。面对文武大臣，武则天不由感慨地说："狄仁杰做事审慎细致，思想周到，真正代天巡狩，为国为民。"于是她当即下诏：赈灾之事，狄仁杰可便宜行事，自行决断，不必事事奏报。

数天后，灾民基本安定，各州县按照实际灾情，组织民众进行重建。

垂拱四年（688），江浙一带的民间，出现了大修寺庙的离奇现象，从各个县城蔓延到了整个乡村，而且有不断蔓延的趋势，修庙之风甚嚣尘上。甚至连河南、河北、山西等地民间都流传说江南人之所以富庶，是因为他们得到了各路神仙的保佑，人只有敬拜神仙，才能发家致富，过上安稳悠闲的生活。

事件据说源自一个浙江商人，他神乎其神地说，某日，他外出经商，乘船过江的时候，正是午夜。行至半途，忽然狂风大作，雷雨交加，白浪掀天，樯倾楫摧，眼看就要沉没，忽然看到一个将军，手持长剑，站在半空一声怒吼，挥剑如雨，那怒啸翻卷的巨浪顷刻停息，甚至像人一般，向着将军作了一个揖，瞬间风平浪静。商人回到家里，向众人说了他的奇遇，有道士言，此乃伍子胥显灵。于是乎，商人出资修建庙宇，供奉伍子胥。

其他人听说此事，纷纷效仿。其中一些人也确实发了财，还有一些，也开始自称在特别的环境见到了诸多各有来头的神仙。除了伍子胥之外，还有大禹、吴太伯、季札、勾践、项羽、春申君、赵佗、马援等，不一而足。

由此，各种用以祭祀、感恩和保佑的庙宇蓬勃而起。

江南历来是唐朝赋税的主要来源，其富庶和繁华程度，比之北方，简直是天堂与人间之别。江南人有钱之后，便要修建寺庙，用来感谢神灵及各路仙家的护佑之恩。当地笃信此类护佑之说，并且相信，财富及人生一切，皆为上天所赐，一人一族富贵贫贱，寿夭穷通，皆有定数，修庙祭祀，不仅可使得神灵、仙家得知人的感恩之心，且能够使得人得福延寿，财源广进。在这种思想的诱导下，民众群起效仿，一时间，遍地寺庙林立，所供奉的神仙，名目繁多，其规模之大，蔓延之快，令人瞠目结舌。

狄仁杰当时正奉命巡视江南一带，他注意到这个情况，带了几个小厮，专程到附近的几个村镇探访。得到的答案令他吃惊，修建寺庙，乃是群众自觉之为，背后确实没有具体的人或某种势力组织操纵。但修建这么多的寺庙，其中大多数又没有僧人、道士主持，多数荒弃，既劳民伤财，又占用土地，浪费极大。

狄仁杰将此事详尽书写，奏报武则天，请求予以整顿。他认为应当引导民众，以实干勤奋为发家致富之路径，而非信神仙、走捷径。武则天收到奏章，倒觉得，民间有此做法，也是情理之中，谁人不想得到上天的眷顾呢？民众与皇帝，此等心理，大致相同。

次日上朝，武则天与众臣商议，群臣普遍认为，狄仁杰的请求合乎情理的，也符合江南实际，于朝廷也有好处。于是，武则天授权狄仁杰凡江南之事，可针对实际情况自行处理。

狄仁杰接到旨意，即召集各州县长官，就拆与不拆的庙宇，做了明确规定。《礼记·祭法》中有言："夫圣王之制祭祀也：法施于民则祀之，以死勤事则祀之，以劳定国则祀之，能御大灾则祀之，能捍大患则祀之。"狄仁杰按照民间文化和信仰传统，仅保留祭祀夏王大禹、吴太伯、季札和伍子胥的庙，其他庙宇一律拆除，还耕于田。

知恩报德

处理完江南一系列事件后，狄仁杰回到京都。

这时候，和狄仁杰同为朝中重臣的，还有娄师德。

娄师德身长八尺，方口博齿，风度威严，又有气量，是李治时期的边疆营田大使，曾率军在日月山与吐蕃谈判。娄师德口才了得，吐蕃使臣甘拜下风，数年之间，吐蕃不敢犯边。

游牧民族的本性，胜则进，败则走，不以胜败为荣辱。永淳元年（682），吐蕃出兵袭击了娄师德的河源军驻地。娄师德率兵进击，在白水涧与吐蕃军队作战，先后出兵八次，连连得胜。李治大喜，封赏娄师德为比部员外郎、左骁卫郎将、河源军经略副使。

娄师德身材极度肥胖，走路的时候，像是一只年迈的老虎。

对于娄师德这个人，狄仁杰不怎么喜欢，但又说不清具体原因。在政务处理和为人处世上，狄仁杰认为娄师德过于软弱求全，以至于很多政策有名无实，难以真正推行和收到实效。

有几次，狄仁杰对武则天说："臣下觉得，娄师德这个人，做事情慢吞吞的，周章欠妥，且无力度，此人不堪大用。以臣看，娄师德只适合边疆营田，倒不如还让他专职军镇营田。"

武则天笑了笑，看着狄仁杰说："狄爱卿所说，大致是对的，然你可能有所不知，娄师德此人，以文官而从军，于洮河等地击逐吐蕃，连连得胜，又极具屯田利生之能，于我朝之功，可谓大矣。其为人又勤勉耿介，包纳善容，实为朕之良将能臣。"

狄仁杰闻听此言，知道武则天信赖和欣赏娄师德，便低头恭谨地说："太后以为娄师德为可用之才，想必有您的道理。微臣刚才所言，也是建议，一切还请您决断。"

武则天再笑笑之后，站起身来，挥袖屏退左右，看着狄仁杰说："狄爱卿，你认为娄师德才能究竟如何，果真贤明？"

狄仁杰躬身回答："臣与娄师德虽然同朝为官，但他多数时间在军镇，我长期在地方。对娄大人的才能和为人，臣不了解。"

武则天哦了一声，又问："依你看，这个娄师德会察人用人吗？尤其是他推荐的官员。"狄仁杰思忖了一下，对武则天说："臣虽与他为同僚，但这么久以来，没有听说娄师德在用人荐人上，做过什么于我朝有益之事。"

武则天站起身来，俯瞰着站在台下的狄仁杰说："狄爱卿，你可知道，是谁举荐的你吗？"

狄仁杰躬身答道："臣不知。"

武则天哈哈笑了一声，扭头对身边宦官说，"去将娄爱卿举荐官员的那份奏章，拿来与狄爱卿一看。"

宦官应了一声，将娄师德的奏章送到狄仁杰手中，狄仁杰打开，仔细阅读，越读越吃惊，最后，竟不自觉脸色发红。

狄仁杰手捧奏章，冲着武则天跪了下来，面红耳赤地说："臣惭愧，娄公大德雅量，而我却如此器小，受他宽容而不自知。论起品德，我远不及娄公矣。微臣受人恩惠而不知，还反过来排挤恩人，是为失德。娄公之胸怀，我狄某难以望其项背啊！"

武则天笑笑说："倘若不是狄爱卿一直质疑，这份奏章，你永世不会看到。"狄仁杰再次躬身下拜说："狄某感激不尽。"

武则天摆摆手，狄仁杰躬身退出。

回到家中，狄仁杰仍旧心中惴惴不安，夜不成寐。

狄仁杰心想，自己在官场多年，诸多人事，也算是见怪不怪了，娄师德行好事而不言，举荐他人而不自许，予人恩惠而不自显，为朝廷做事而不自夸，实在令人敬仰。我狄仁杰自叹不如！而自己，自以为品德高洁，谦谦君子，在娄公面前，显得如此自负和无知，实在惭凫企鹤，内疚神明！我狄某不当面感谢大恩，是为不知恩遇，不酬恩人，何以为君子？又如何能明报大德与神明？

　　想到这里，狄仁杰立即翻身坐起，正要下床去书房书写拜帖的时候，忽然想到，现在朝中有一些酷吏常常无事生非，极尽造谣构陷之能事，我个人倒没什么，倘若连累了娄公，岂不得非所愿！

　　复又躺下，狄仁杰心里想到，与其私下拜会，不如光明正大，坦坦荡荡，从而令酷吏无从猜疑，倘若自己也鬼鬼祟祟，无异于授人以柄。

　　次日早朝之后，回到府邸，狄仁杰伏案写好拜帖，交由手下送至娄师德府上。

　　娄师德做官多年，难免会开罪一些同僚，又任朝廷重臣多年，在凶险异常的官场宦海，凡事小心，才能避祸保身。他曾教育胞弟说：即使有人唾在脸上，也不要去擦，那样会使得对方更加愤怒，不如任由自干。

　　接到狄仁杰的拜帖，娄师德也知道狄仁杰登门拜访的意图。但他更知道，武则天性情多疑，朝臣之间相互拜访，本无其他，倘若让一些小人窥知，必定借机构陷。若只是闲言碎语，倒也无妨，可怕的是武家那些人，像武三思、武承嗣等人就觊觎朝中高位很久了。在此境遇之下，可谓险象环生，朝中的每个臣子都要步步为营，处处小心，稍有不慎，便会被那些酷吏抓住把柄。再正直的臣子，一旦被酷吏盯上，就会被罗织构陷罪名。在此非常时期，见也不好，不见更不好。

思忖许久，娄师德回帖答应。

按照风俗，拜望长者一定是要早上去，以图吉祥。收到娄师德肯定的答复后，在甄选礼物上，狄仁杰颇费心思，最终挑选了他老家的一些小米和赤豆。别看这些礼物简陋，不值一提，但蕴意美好。小米金黄，粒粒圆润，且色泽宜人，有温胃功效，赤豆紫红，象征赤心，比较合适。如此一来，以娄师德之聪慧，当然知道其意。即使被有心之人搜集而去，也不是什么值钱的物事，抓不到任何把柄。

朝臣在任何一方的宅邸中见面，当然不比朝堂之上，以狄仁杰与娄师德人品德行，特别是两人历练多年的官场经验，谈起话来，自然是有言而不可无尽，意思点到为止。两人喝茶聊天，国事家事，个人经历等等，无不涉及，相谈甚欢。

狄仁杰与娄师德喝茶聊天，国事家事，个人经历等等，无不
涉及，相谈甚欢。

君王转换

    为了团结李武两大政治势力，使二者能够和睦相处，武则天权衡再三，决定听从武氏一些人建议，召集全部李氏子孙到神都洛阳聚会。名义上是进行祭祖大典，令武氏和李氏家族人永守合约，相互团结，暗里也藏了清除异己，镇压李氏后嗣的心机。

    此时，李显已经被贬为庐陵王，武则天又扶持李旦即位。

    某日黄昏，府邸在汝南的李世民第八个儿子李贞府上，忽然有人求见。李贞正因去不去洛阳祭祖而犹豫不决，这件事，他已经与家臣商议多日，尚且没有头绪。

听到有人求见，他当即想到，会不会是李显或李旦派来的人？

李贞少有才名，善骑射，在李世民几个儿子当中，也算是比较英武有为的一位，但为人气量狭小，总把那些得罪他的人，通过各种办法，将其贬到偏远地方去。贞观五年（631），他被封为汉王，贞观十年（636），又被改封为原王，后又改封越王。

进到府中，见到李贞，来人说明情况，并从怀中拿出一封书信，上面还盖有李旦的印章。书信的大意是：今妖后作乱，坏我李氏江山，所有李氏后人，当以此为耻，宜早举义旗，起兵入京，匡扶大唐。

但是，仅凭这封书信，李贞还是不敢轻易相信，怀疑其不是出自李旦之手。可来人态度诚恳，急切地说："这信绝对是陛下亲笔书写。"并说："我们已经秘密联络了韩王李元嘉、鲁王李灵夔、霍王李元轨及李元嘉之子黄国公李譔、李灵夔之子范阳王李蔼、李元轨之子江都王李绪等人，届时一起举事。"

正在此时，博州刺史李冲快步进门，先是叫了一声父亲，李贞一看是儿子李冲，正要责骂，李冲压低声音说："儿臣知道父亲顾虑之事，但事不宜迟，迫在眉睫，只好自己来了。"

李贞说："何以如此？"

李冲说："今妖后作乱，淫乱朝堂，人神共愤，尤其是我等太宗之后人，个个义愤填膺，欲联合起来讨伐武氏。不瞒父亲，这些时日来，儿臣已经联络了诸多王室后裔，他们都说，父亲乃是太宗直系血亲，威望高，只要父亲举起讨伐妖后的大旗，众人便会同期响应。届时，天下各路李氏王侯，从不同方面率军起事，相信不日之间，即可直捣长安，恢复我李唐天下。"

李贞听完，思忖了一下，对李冲说："你我父子，当是真心，其他王侯，多屈服于妖后淫威，观望者有之，愤懑者有之，但真举事者，想必寥寥无几。如此，仅凭你我父子，与妖后对抗，只能是以卵击石，自取灭亡。"

李冲说："父亲切莫忧虑，如心意已决，可先派心腹之人与各路王侯联络，消息确切后，再行大事不迟。"

李贞听了，还是很犹豫。李冲又说："父亲，即使不起事，妖后也未必肯放过我李唐子嗣。此番邀约我等进京，表面看起来乃是和睦李氏与武氏，实则一网打尽，以绝后患。与其被武氏屠戮，不如奋起一争。"

李贞叹息一声，心里也知道，李冲说得基本如是。于是，他也顾不上再确认书信的真假。

李冲见说动了父亲，暗中令人打造武器，准备粮草，召集人手。

李贞选了一个良辰吉日起兵，带着几万兵马向洛阳进军。

这时候的李冲，已率先在博州起兵。

武则天闻报，大怒，厉声骂道："这些胆大贼子，罔顾天恩，行此谋逆之事，实在罪无可逭，将李贞、李冲父子改姓为虺，此后，以毒蛇为姓，永世不得改回。"

发了一通火，武则天召见武承嗣等人，对他们说："这些乱臣贼子，早就看出他们个个心怀异志，图谋不轨，这一次，必要赶尽杀绝，永绝后患。"

武氏官员满心欢喜，入宫参见，武承嗣对武则天说："太后英明。"

武则天听了，颇有意味地看了武承嗣和武三思一眼。

次日朝上，武则天令左豹韬卫大将军魏崇裕、夏官尚书岑长倩、凤阁侍郎张光辅等三人带大军出京讨逆。

再说李贞这边，起兵之后，除了自己的儿子李冲，先前说好一起起兵的李氏王侯居然一个没动，反而纷纷指责李贞、李冲父子不忠不孝，当人人得而诛之。

李贞心头愤怒，但又毫无办法，知道起兵胜算极小，但箭在弦上，不得不发。

正在这时，有人通报说："李冲所带的五千人，在讨伐的几万大军面前早已覆没，李冲也死在了乱军之中。"

李贞仰天长叹，绝望悲伤之余，在自己王府中，用一瓶毒酒结束了生命。张光辅所率大军不费吹灰之力，就攻占了豫州，属下兵卒冲入李贞的王府，一顿杀戮。张光辅立即赶回洛阳，向武则天邀功。

即便如此，武则天怒火未消，为震慑其他心怀不轨者，下令对李贞的部下用酷刑处置，以警示天下。

李贞之乱虽然平定，但武则天责令张光辅尽力搜查同党余孽，凡与李贞父子等人有瓜葛的，全部抓捕。为清除李贞余孽与朋党，张光辅也不遗余力，在豫州等地日夜警戒，组织兵丁挨门挨户盘查，名之曰"扫雷"。

与此同时，狄仁杰被任命为豫州刺史。

平乱成功之后，张光辅便深得武则天信任，被委以重任。

狄仁杰连日上路，到豫州安顿下来。次日一大早，他正准备去剿抚大军的行营里拜会张光辅，却听得一阵鼓响，俄顷，有人来报："在门外擂鼓喊冤的是一个多处受伤、满身血污的军卒！"

狄仁杰当即命人将那个军卒抬进衙门。

盘问之下，狄仁杰得知，这名军卒是张光辅手下的。

军卒以微弱的口气告知狄仁杰，平定李贞叛乱后，张光辅为了将反贼叛党一网打尽，彻底斩草除根，下令严格执行武则天主张的"扫雷"政策，怂恿属下不断扩大范围，一些军卒为了请功受赏，构陷平民不说，还滥杀无辜。这位军士不愿向无辜百姓索要钱财，与上级发生冲突。要不是跑得快，人头早已被砍下来，被人拿着去邀功请赏了。

狄仁杰闻听，不由怒火满腔。张光辅如此行为，不仅曲解武则天旨意，稍有不慎还会激起民变。狄仁杰叫来州中判佐、主簿等人，询问州衙情况。

起初，众人面面相觑，欲言又止。狄仁杰笑着对大家说："我狄某为人，想必各位都有所耳闻。但有话语，尽可说来。狄某人绝无构陷之心和加害之意。"

其中一人叹息一声，率先开口说话。

从这些人的口中，狄仁杰得知，在此之前，张光辅曾多次命其属下到州衙来，以缺少军饷为由，勒令州衙再给予费用。豫州前任刺史虽有怨言，但迫于张光辅权势，只好尽量满足其要求。

狄仁杰知道，武则天这次令张光辅率军剿抚李贞的余众，兵部给予的军费已经足够了。张光辅从州衙索要的饷银一定另有所用。

一番思虑过后，狄仁杰决定亲自到张光辅军帐探个究竟。

翌日一大早，晨光明媚，狄仁杰乔装打扮，避开左右，和家仆悄悄出了府衙。行到街上，见一群官军腰悬长刀，在各个店铺门前大喊大叫。狄仁杰和狄虎快步上前打听之后，才知道这些官军是在向各个店铺老板收取税费，用以弥补军费不足。

狄仁杰转身就走，回到府衙，狄仁杰换上官服，径直去了张光辅的行营。张光辅知道狄仁杰不但做过侍御史、宁州刺史和冬官侍郎，也是武则天器重之人，尽管他自己位极人臣，也是武则天的宠信大臣，但也不敢过于轻慢。

闻听狄仁杰求见，张光辅当即令人请了进来。

宾主落座后，狄仁杰说："张大人领兵剿抚反贼的时候，据说朝廷是给了军饷的，而且数量相当。张大人又何故与府衙索要，还派人至市场里弄收取军费？"

张光辅以为狄仁杰新官上任，只是前来拜会，万万没想到，狄仁杰和他见面后，不是叙旧，也不是照会，而是兴师问罪。

张光辅怒答："朝廷以我为行军总管，节制诸军，不日之间，叛贼灰飞烟灭。今豫州虽平，但流寇逃兵甚多，为国家长治久安，必要肃清越王余党。因此，军费欠缺，府衙给予支持理所应当，各部以剿抚名义收取费用，也无可厚非。这一切，你一个刺史，本无权过问，今日本官说与你，是要你明白，耽误了朝廷大事，小心你的项上人头！"

狄仁杰笑着对张光辅说："张大人，剿抚之事，功莫大焉，然大军行前，朝廷是给足了您军饷的。这件事人所共知，也可以到兵部核查。军饷充足而又一再向地方勒索，令生民不安，本官既承皇命，为一地父母官，就应当鞠躬尽瘁，为一方生民着想。"

说完，狄仁杰起身，说了一声告辞，便带人回到府衙。到了书房，狄仁杰屏退左右，坐在书案前，书写奏章，尽数张光辅及其部众所为，弹劾其纵部滥杀无辜、残害百姓、增加地方税赋等不法之事。并陈奏，张光辅所获俘虏，许多是在越王李贞的胁迫下，才跟随其犯上作乱的，本质上非他们所愿。

狄仁杰写道："张光辅张大人受太后指派平定乱党，今乱党已经剪除，何苦再杀掉其他人等？这一次反叛，只是越王李贞及其子李冲等少数人的狼子野心，自寻死路，其党羽也当诛杀不贷。但作为大军统帅，借此乱发淫威，涂炭百姓，实则逼人造反。任由张光辅如此做法，一个越王诛，随后可能还会产生无数个越王，长此以往，民心生变，恐对国家不利。"

写到这里，狄仁杰站起身来，在屋里来回踱步。此时，窗外夜已深，夜虫鸣声唧唧。

他忽然又坐下来，提笔写道："恭请太后明鉴，上天有好生之德，愿太后心生恻隐。这些越王余党，论罪固然当诛，但愿太后念在他们都是被胁迫者，为安抚人心，体现太后仁心仁德，不如流放他们去边远地区，永不得返回。众人必定感念太后之皇恩大德，安心生息。即使其后代人等，也会永世不忘。如此，一人而百人，百人而万人，万人而十万、百万，于江山有益，保社稷久长。"

武则天接到奏章之后，以为狄仁杰说得有道理，思虑得也颇为周到。对于朝廷来说，历来都是杀人容易，安人心难。与其严刑峻法，倒不如恩威并施，去除众人心中敌意，也便于长治久安。想到这里，武则天着人下诏，按照狄仁杰的请求办。

　　侥幸活命的那些兵士，闻听朝廷赦免了他们死罪，流放他们去边远之地，皆对狄仁杰感恩戴德，痛哭流涕。数月后，这些人到达流放地，为感念狄仁杰大恩大德，在当地为他修建了一座生祠，便于时时礼拜，以谢狄公活命之恩。

　　这件事传到狄仁杰耳中，他笑了笑，自言自语道："上天有好生之德，狄某也不过是为着江山社稷与黎民万众。至于感恩与否，生祠之类，也不过是一个虚名罢了。"

　　正在这时，狄仁杰却接到圣旨，左迁复州刺史。

　　在武则天面前弹劾他的，正是张光辅。他的理由是，狄仁杰以下犯上，毫无礼仪，所陈意见偏颇，严重影响了平定乱党和"扫雷"大好局面。

蒙冤下狱

　　狄仁杰被贬为复州刺史后，又左迁洛州司马。但不管任什么职位，不管身在何地，他都是尽自己的本分，做好每一件事，造福一方百姓。

　　时间到了天授二年（691）。春天，长安城中，柳枝发芽，杨树吐絮，日光铺展在山坡之上，终南山隐隐约约，犹如苍龙。各条街区上，依旧车水马龙，走卒贩夫及各种肤色和穿戴的人摩肩接踵，络绎不绝。尽管，大唐改国号为大周，但大唐气势仍在。西域诸国各民族的人混杂其间，有纯粹的商人，也有异域观光者，更有密探、细作，歌姬舞人，不一而足。

　　狄仁杰此时已被召回京城，升任为地官侍郎、判尚书、同凤阁鸾台平章事，位极人臣，成为武则天权力核心的重要成员。斯时，朝野皆知狄仁杰才干卓越，为人正直清廉，履新还不到一年，政绩斐然，备受武则天器重。

某一天，京都御史台中，数十位官员或端坐书写，或慢步走动，或沉思默想。忽有一个小厮踏进门槛，眼睛瞟了一圈之后，径直走到御史中丞来俊臣身边，将一个书帖交予来俊臣，尔后喏喏退出。

说到这来俊臣，也是一个背景复杂的人物。来俊臣是长安城郊人，父亲名叫来操，是一个职业赌徒。来操与邻居蔡本交好，两人向来不务正业，经常聚在一起赌博。

蔡本，赌术不佳，逢赌必输，欠下了数十万的债务，无法偿还，便卖地卖屋。但依然无法还清欠来操的债务，于是只得提出用自己的妻子来偿还。

蔡本的妻子只能转嫁来操，不到九个月，便生下了来俊臣。

来俊臣自小顽劣，且心怀大恶，比其父有过之无不及。但他又极善言辞，富有心机，城府深不可测。每次做了错事，巧舌如簧，极尽诬赖构陷之能事，所以总能脱身。

有一年，四处流窜的来俊臣在和州犯下了奸盗之罪，被官府抓捕入狱，为求脱罪，整日抓着窗户，大声喊冤。狱吏来问，来俊臣说他有话要说，有冤要申。

此地长官乃是李世民之孙李续，世袭东平王，兼任和州刺史。闻听来俊臣每日摇窗喊冤，便叫人把来俊臣押到大堂，厉声喝问他："来俊臣，你这恶厮，何以每日摇窗喊冤？"

来俊臣急忙说："大人，小的有要事禀告！"

东平王李续闻听，怒斥来俊臣："你这恶厮休得胡言，作奸犯科，量刑定罪，由不得你巧言令色！"

来俊臣跪着向前爬了几步，到堂案跟前，仰着脸，对东平王说："大人，小的真有要事禀告，而且，事关重大，耽误不得！"

东平王李续原本不想理睬，可看这厮一脸诚恳，好像真有话说。他也想到，最近，朝廷有令，凡有揭发官员违法犯罪，尤其涉嫌谋逆之事，无论黔首官吏，商贾乡农，其所在地方官府一律不得制止和扣押，必须以五品官职之待遇，将之送至京师，由皇帝亲自召见并审讯。

此诏令一出，天下恶人竞相告密，或子虚乌有，或捕风捉影，一时间，大周朝中，风声鹤唳，人人自危。连娄师德、刘仁轨、狄仁杰等也人人自危，凡事都要小心谨慎，生怕被这群人逮到把柄，轻者个人官职不保，身陷囹圄，重者株连九族，亲戚、门生也被连坐。

来俊臣早就得知这一消息，心中一直思忖，既然有人能用如此手段窃居高位，得享富贵，我这般才能禀赋，自然也可以。于是，他在狱中挖空心思，觉得只要编造事情获得武则天信任，定会平步青云，一飞冲天。主意拿定，来俊臣便每日摇窗，要求面见东平王。狱卒受不住他日复一日的鼓噪喊叫，便把此事禀告东平王李续。

谁知李续并未相信来俊臣编造的事情，还下令将他杖责一百。

偷鸡不成反蚀把米，来俊臣有点心灰意冷。

却没想到过了些时日，李续因越王李贞起兵一事受到牵连，获罪下狱。

闻听此事，来俊臣心中狂喜，以为机不可失，便立即上书。当时，武则天有令，凡告密谋逆者，各路县衙州府不得阻拦，且要由驿站给告密者提供马匹，由她亲自召见。

不日之间，来俊臣就到了长安，先被安排在驿馆之中。数日后，宫中来传，召来俊臣觐见。

跟在宦官后面，来俊臣亦步亦趋，极尽谦恭，心里却暗自窃喜。参见武则天的时候，连头都不敢抬一下。武则天问及他要举报何人何事，来俊臣仍旧低着头，说："草民要反映的，就是前段时间谋逆反叛败露，已被明正典刑的前豫州刺史、越王李贞及其子博州刺史、琅琊王李冲。"

其实，这件事，是几个月前，他从豫州刺史的门吏口中无意得知的。然后就此想了一番说辞，前来蒙混武则天。

来俊臣添油加醋地说："草民无意中得知此事，心怀报国之心，就日夜兼程，来向陛下汇报。谁知，走到和州时候，却被东平王李续以奸盗之污名定罪，关押在监狱里，因而错失良机。"

武则天总是觉得，朝野之中，暗流涌动，对自己以周代唐不满，李唐后人对自己总怀有二心，似来俊臣这类善于告密和罗织构陷之人，虽不可全信全用，但目前而言，有如此之人上下监视、左右勾连，再以严苛手段，酷刑施加，至少可以震慑异心不法之徒。基于以上考虑，武则天当即嘉奖来俊臣，称他为人忠勇诚实，心怀社稷。并当即封他为官，不久又加封左台御史中丞。

来俊臣得愿所偿，依照皇帝意愿，愈加卖力。

在这样的政治环境之中，纵使是作为一个在官场多年，且颇有做官心得的要员，狄仁杰还是不敢松懈丝毫。在武则天颁布和实施"不论布衣官宦，皆可相互揭发告密"之诏令的非常时期，即便三朝元老，名臣宿将，也有可能冤死大狱内，更有可能满门惨遭诛杀。整个朝野，人人自危。

某日，狄仁杰回到家中，脱下官袍，清水净手洗面，刚坐在书房，忽听外面吵闹，正要起身探看，只见两个侍卫已经持刀奔到门口。一个穿着官服，身材矮小的人甩着流星大步跨入门来，看到狄仁杰，便大喝道："奉皇帝之命，捉拿逆臣贼子狄仁杰归案！"

来人正是来俊臣。

某日，狄仁杰回到家中，脱下官袍，清水净手洗面，刚坐在书房，忽听外面吵闹，正要起身探看，只见两个侍卫已经持刀奔到门口。

那一刻，狄仁杰苦笑了一声，心想，这么多年来，自己谨慎再谨慎，可还是没有躲过这一劫。和他同时被冤入狱的，还有同平章事任知古、裴行本，司礼卿崔宣礼、前文昌左丞卢献、御史中丞魏元忠、潞州刺史李嗣真等人，罪名是密谋造反。

狄仁杰心想，此次入狱，肯定是被来俊臣等酷吏诬告的。皇帝自立皇帝，心中总不安稳，稍有风吹草动，便心中惶惶，也是人之常情。此番入狱，定然是来俊臣等一干酷吏为邀功请赏，再加上武氏家族人夺位心切，与之勾结，进而罗织构陷，皇帝震怒之下，不假思索，方才有此大祸。老子《道德经》早已有言，"将欲歙之，必固张之；将欲弱之，必固强之；将欲废之，必固兴之；将欲夺之，必固与之。"凡人生于世间，本来祸福相依，哪有不受磨难而终生清享平安的人呢？

甫入牢中，来俊臣等人如法炮制，将各色刑具一字排开，让狄仁杰上前观看。狄仁杰倒吸一口凉气。心想，此等惨绝人寰之刑具，任人钢筋铁骨，意志如山，在这等刑具面前，也得骨肉如泥，筋骨化水。

来俊臣想出了许多酷刑，把人屈打成招。凡被诬陷之人，不论罪名轻重，来俊臣多以醋灌鼻之后，将人囚禁于地牢，或者放在瓮中，用火环绕烧灼，不给犯人水及食物，以至于有的犯人饿极，不得不抽取衣服内填充的棉絮充饥。又或者让人坐卧在屎尿之上，受尽痛苦。犯人不堪忍受，只有死掉，方可解脱。即便如此，每逢皇帝大赦天下之时，来俊臣也令狱卒将重犯杀掉，然后再宣示皇帝诏令。

来俊臣深知人多力量大，以及百人一词、千口莫辨的效用。他一跃成为御史中丞之后，利用职权，于市井之间召集数百名能说会道的地痞无赖，一旦决定要构陷某个官员，便唆使无赖混混到各级衙门擂鼓诬告，胡搅蛮缠。上至大理寺，下至县衙门，极尽描红画黑，颠倒黑白之能事。一时间，无论官家还是黔首，人人谨小慎微，唯唯诺诺，不敢多言。

巧计脱身

　　至于狄仁杰为何会被构陷，一切还要从武氏家族谋求太子之位说起。

　　狄仁杰新任地官侍郎、判尚书、同凤阁鸾台平章事，对他自己而言，是职守，是鞠躬尽瘁，可对于其他人而言，则是拦路虎、绊脚石。孔子曾说："君子周而不比，小人比而不周。"朝中不乏像狄仁杰和娄师德这样的名臣，清正刚直，世事洞明。虽然他们在朝廷上时常会意见相左，偶尔争执，但用心一致，即心向朝廷，为万民谋福祉。与他们相对的，则是武承嗣、武三思及其朋党，他们心中所想，便是如何窃取高位，如何通过武则天，使得李唐王朝转换为武周王朝。而狄仁杰，包括之前的宰辅岑长倩，以及李昭德等拥唐大臣在内，都是武氏家族的眼中钉、肉中刺。

他们认为有这些人在，武氏当国的道路上，就会多一些羁绊。

孔子说："君子上达，小人下达。"君子者，家国天下；小人者，家国为我。

尽管狄仁杰谨慎守身，远离朋党小人，但还是没能逃脱来俊臣等人的构陷。

武承嗣乃是武则天的亲侄子，武则天临朝承制之后，武承嗣一路升任宰辅，一时间武氏家族权倾朝野，为人忌惮。武承嗣一直希望武则天传位于他们武氏后人。

武承嗣等人认为，武家理应占取天下。他们也知道，有一段时间，武则天确实考虑过将天下传于武家子嗣。

武承嗣自认为是太子最佳的人选。为了达到这一目标，武承嗣要做的，第一个便是接连不断发动舆论造势，命职权管辖范围内的礼部和国史监修、内史等，召集一帮文人，为武氏家族编撰家族故事，攀连先朝武氏名人贤者，不论古今，尤其是极力美化武氏先祖。在朝野上下，广布"李氏当亡，武氏当国"的流言。

再者，武氏家庭成员不断在武则天耳边吹风，谋求太子之位，遭到了狄仁杰等宰辅重臣反对。武承嗣深知，要想达到自己的目的，虽然武则天是关键因素，但外在的阻挠也不可忽视。他要做的，便是不断地清除围绕在武则天周围与自己意见不同之人，李唐宗室当然是首先要清理的。

为达目的，武承嗣、武三思、武懿宗等人唆使亲信党羽不断上书武则天，以各种方式，软硬兼施，要求武则天废掉太子，把武姓后人立为皇储。

可无论武承嗣等人再怎么动作，内外兼施，机关算尽，朝中始终有一批王公大臣不同意。武则天杀了不少人之后，再议皇储之事，群臣皆默不作声。

为此，武承嗣便想把这些"拥唐"的重臣一一从朝堂清除出去，当然，杀之更好。狄仁杰转任宰辅之后，虽然没有明确表过态，但从其一贯行为看，他也是反对立武承嗣为皇储的。

要清除狄仁杰等人，武氏家族煞费心机。

武承嗣令人请来俊臣到自己府上，商议如何构陷狄仁杰，他企图一网打尽，永绝后患。这些人一旦被处死，整个武周朝中，也就没有多少妨碍武氏家族晋位皇储的人了。

狄仁杰入狱后，还没看完那些奇形怪状、令人胆寒的刑具，狄仁杰就明白了，在来俊臣这欺天罔地的黑暗之处，和他们争对错、忠奸之事，纯属找死。

狄仁杰长叹一声，对来俊臣等人说："大周朝建立，一切都在更新，像我这样的李唐旧臣，甘心被诛杀屠戮，我谋逆反叛，确是实情。"

来俊臣冷笑了一声，看着狄仁杰说："所谓狄公，也不过如此！"说完，让人解下了狄仁杰身上的刑具。

看狄仁杰认罪，来俊臣属下王德寿看着狄仁杰说："既然你已经认罪了，要想不死，不妨再告杨执柔与你同谋，在下也好借这个机会，再求得荣升。"

狄仁杰说："如何牵连杨大人？"

王德寿见狄仁杰很是配合，心中窃喜，对狄仁

巧计脱身

杰说:"狄大人不妨说,杨执柔在你当春官尚书期间,曾与你同谋。"

狄仁杰怒说:"呜呼,面对这皇天后土,让狄某行此下作之事,不如一死了之!"说着,狄仁杰便以头触柱,顿时血流满面。

王德寿惊惧,急忙拉住了狄仁杰。

待王德寿等人离开,狄仁杰坐在地上,陷入沉思。

狄仁杰心想,当下朝廷,武氏家族当道,而他们所倚仗的,只是皇帝。要想脱身,洗清冤屈,解铃还须系铃人。曾子云:"可以托六尺之孤,可以寄百里之命,临大节而不可夺也。"但若此时果烈、刚勇地结束性命,还要背着谋逆造反的恶名,不如暂且保身,他日再殚精竭虑,鞠躬尽瘁,以利国家,方为勇者所为。

想到这里,狄仁杰忽然觉得,浑身充满了力量,刚才的恐惧、纠结也一消而散。

不知不觉间,狄仁杰睡着了,而且睡得特别坦然。可就在此时,牢门打开,几个狱卒率先进来,大声嚷嚷着把狄仁杰叫醒。随后,来俊臣迈着滑稽的官步走了进来。狄仁杰睁眼看到，立马站起来，躬身说："犯官狄仁杰见过来大人。"来俊臣轻蔑地嗯了一声，一脸骄横。狄仁杰心中暗想：此等恶人，他日必定难逃横死下场。但此一时彼一时也，老子言："柔弱胜刚强。"当下时刻，唯有暂且虚与委蛇，等待脱身洗冤时机。

屏退左右，来俊臣在监牢内走了几步，然后对狄仁杰说："狄大人，古来蝼蚁尚且贪生，燕雀也知避雨，狄大人位极人臣，这一世荣华，也是难得。如今，狄大人以谋逆造反入罪，并已经禀明圣上，上意如此，因此被捕，这一次，狄大人难以全身出狱了。"

狄仁杰一听便知，这来俊臣恐怕又要劝诱他去构陷他人。果不其然，来俊臣说："人到绝境，也不是没有生机，倘若狄大人能够说出此次最先组织谋逆造反之人，及其主要引诱尔等的手段等等，按我朝律例，犯官罪人入狱之后，只要供出同谋者，视同自首。那样的话，狄大人当可立即重见天日。"

狄仁杰笑着说："来大人，狄某不才，宁可

死，也不敢无辜牵连诬告他人。这一点，狄某早已言明，无需多言！"

来俊臣讪笑着说："既然你死意已决，那来某也只能按律行事了！"

狄仁杰说："悉听尊便！"

来俊臣哼了一声，拂袖而去。

夜深露重，监牢里本来阴森，到凌晨，更是湿冷难耐。此时，狱卒们十分松懈，空空的监牢里，除了远远近近的疼叫之声，可谓万籁俱寂。狄仁杰忽然惊醒，躺在床上，他并没有马上起来，而是悄悄地从被子上撕了一块布下来。

就着微弱的灯光，狄仁杰用此前从守卫那里求来的笔砚，在这块布上陈述自己的冤屈。为达到目的，狄仁杰还是费了一番心思，陈述的语气平静客观，首要的态度是表达对武则天的忠心以及效忠的信心，再写自己与裴行本等人被罗织构陷谋逆之罪诸多不实之处，再从江山社稷的高度，论说能臣良将之于朝廷的重要性。写好之后，狄仁杰又将棉袄撕开一个小口，塞了进去。

次日一大早，来俊臣就吩咐他手下的王德寿再去提审狄仁杰。王德寿也是来俊臣属下的奸佞小人，但胆子要比来俊臣小很多。

来到关押狄仁杰的牢狱中，王德寿先是说了一些不咸不淡的话，与狄仁杰套了半天近乎，然后说："狄大人若想要尽快出去，还是有办法的。尽管恢复不了原职，但也可以脱离这暗无天日的地方。"

狄仁杰笑了一下，说："王大人，狄某已经触犯天条，如何能出得去？"

王德寿见狄仁杰态度诚恳，以为有戏可唱。随即开口说："如狄大人答应王某昨日所说之事，在下便可奏请皇帝，减免你的罪行！"

狄仁杰说："我和杨执柔同在朝中供职，是为同僚，诬告他人之事，我狄某虽死不做。所有罪行，都由我一人承担。"

说完，狄仁杰猛地一个转身，举头撞向墙壁。

王德寿没想到狄仁杰如此果烈，居然再次撞墙自杀，大吃一惊，下意识地伸手拉住了狄仁杰，语气放缓，对狄仁杰说："狄大人，切勿轻生，刚才所言，皆是在下之错，狄大人既然不愿意如此，也只有罢了。"

狄仁杰站住，看着王德寿，许久之后，才怒色渐消。

其实，狄仁杰早就看出，王德寿不过为虎作伥，狐假虎威而已，对付此人，比对付来俊臣要容易得多。

狄仁杰见王德寿如此害怕自己轻生，灵机一动，看着王德寿惊慌的脸，开口说："不揣冒昧，王大人，狄某现有一事相求，不知当讲否？"

王德寿惊魂未定，听了狄仁杰的话，想也没想就说："狄大人有何吩咐，尽管说来。"

狄仁杰笑了一下说："王大人，狄某戴罪之身，也没有什么过分要求，只是这天日渐酷热，想让家人将棉衣带回换洗一下，再拿轻薄一些的衣物来。"

王德寿心想，这也确是实情，便答应了狄仁杰的请求。

狄仁杰被冤下狱，使得整个狄府上下，笼罩着一种悲哀。

狄光远去探监的时候，狄仁杰把旧棉衣递给了他，递的时候，悄悄地给狄光远一个眼神，又捏了一下藏有书信的地方。

狄光远心领神会。

回到家里，果真在狄仁杰的棉衣里，找到了那个布块。狄光远、狄光嗣和狄景晖三兄弟商议之后，决定由狄光远寻机将狄仁杰的书信面呈皇帝。

可怎么才能送到皇帝手中呢？

狄光远想起了与父亲一起被捕的裴行本、任知古等人，父亲出事以来，他也听说裴家、任家、崔家等不断有人前往大明宫外，寻机面见皇帝陈述冤情。想到这里，狄光远和狄光嗣等家人觉得事不宜迟，宜早早进宫求见皇帝，呈上书信，让皇帝知道父亲是被冤枉的，是被逼供无奈认罪的。

狄光远一筹莫展，大哥狄光嗣说："不是有一个宦官经常来咱们家传旨吗？看起来和父亲的关系不错，说不定他可以帮上忙。"

狄光远猛然醒悟，包好父亲的书信，就要出门。狄光嗣也准备一同前往。兄弟二人向母亲行礼辞别，转身出门。

没想到，事有凑巧，在去宫中路上，狄光远他们居然遇到了常来他们家传皇帝旨意的宦官。这位宦官姓刘，也是并州人氏，素来敬仰狄仁杰为人。听了狄光嗣、狄光远的诉求，他虽觉得为难，但说，一定会借机禀奏皇帝，还要趁皇帝高兴和身边闲杂人员少的时候。狄光远和狄光嗣两人一听，自是感激不尽。

没过两天，宫中就来消息，要狄光远他们去宫外候着，等待皇帝召见。

大约一炷香时间，皇帝传召狄光远，狄光远快步向前，跟着宦官，进入宫中。叩见武则天，将父亲的书信呈上。武则天也觉得事有蹊跷，再者，狄仁杰在信中其情殷殷，爱国忠君之心昭然，令人动容，不由得动了恻隐之心。

武则天当即命人将来俊臣等人叫来，当面问询。来俊臣一听，顿时心慌，心想必须赶紧下手，否则，这六人一旦翻案，不仅自己的小命不保，且后患无穷。

想到这里，来俊臣躬身上前说："陛下，绝无此事，臣等并没有对狄仁杰用刑，是他自己心虚，一进牢房，就招供了的。"

武则天说："这信上明明写着狄仁杰受不过严刑拷打，才自供有罪的。"

来俊臣急忙说："陛下，臣所说确是实情，当时，小臣和多名狱卒也在现场。"

武则天斜了一眼来俊臣，思忖了一会儿说："既如此，朕要派人前往牢狱查看是否属实，尔后再作论断。"

来俊臣等人一听皇帝要亲自派其身边的得力之人去牢狱，一下慌了神。出了宫殿，便差人快马赶到牢里，令狄仁杰等犯人包好头巾，整齐衣衫，并写好谢罪书。

消息传到监牢，王德寿等人安排狄仁杰穿好衣服，又恳请狄仁杰写谢罪书，狄仁杰知道这是一个圈套，断然拒绝。王德寿无法，只好自己代写。

不久，皇帝派来查看的人也到了，此人常年在武则天身边服侍，深知武则天为人，对此事，自然是以求原本的好，遂按照要求查看一番后，带着那份由王德寿代笔的谢罪书回去复命。

狄仁杰在朝为官多年，他的字迹武则天还是熟悉的，武则天一看，一眼就知道并非出自狄仁杰之手，怒喝道："此谢罪书绝非出自狄仁杰之手，尔等胆敢欺君！"

来俊臣等人吓得一个哆嗦，但仍旧坚持说是狄仁杰亲笔所写。武则天大怒，派人召狄仁杰前来觐见。

接到诏令的那一刻，狄仁杰长长地出了一口气，心里知道，此番，应是可以脱罪了。

至宫中，武则天细问缘由，狄仁杰沉着应答："倘若老臣不认罪，此时已经见不到圣上您了。"

武则天又问："那谢罪书怎么回事？"

狄仁杰说："回陛下，臣不知有什么谢罪书，臣在狱中，从未写过什么谢罪书。"

武则天转头问来俊臣，来俊臣见事已至此，便说了实话。

武则天怒声说："如此罗织构陷，险些让朕担了滥杀忠臣的恶名。速将狄仁杰、裴行本、任知古等人释放，但死罪虽饶，活罪难免，以上人等，各贬六级，下放州县。"

安抚河北

　　狄仁杰虽然脱险，但也被贬到彭泽县当县令。

　　彭泽在江西，隶属于江州管辖，濒临鄱阳湖。魏晋时期，著名的诗人陶渊明也在这里做过县令，尔后不为五斗米折腰，弃官归田。

　　狄仁杰带着数个随从前往彭泽上任，出了城市，只见原野无际，山川纵横。斯时，正是秋收季节，农民正在田中收割，成熟粮食和瓜果的香味四处弥散，令人感到生活的美好。

　　数日后，狄仁杰和家仆狄虎等人到达彭泽县。

　　彭泽此地，连年涝灾。

　　到任之后，狄仁杰便外出查访，所到之处，只见良田变沼泽，粮食被水泡得发霉。几乎每个村落的民众，都食不果腹，饿死者数百人。

回到县衙，狄仁杰夜不能寐，遂起身书写奏章，向武则天禀奏情况，请求朝廷派人赈灾，并申请减免彭泽赋税三年。

狄仁杰的奏章送到帝都，再由官员转呈给武则天。

武则天心想，狄仁杰虽被贬官，做了一个小小的县令，但也还是勤勉做事，体恤百姓，实在难得，便答应了他的请求。另外，责令有司调集粮食与物资，尽快送到彭泽灾民手里。

接下来，狄仁杰要做的，便是审理案件。这方面，狄仁杰是老手，也是高手，他逐一翻看档案，当场落实，为被冤的申冤，将误判的改正过来。

到年底，涝灾深重的彭泽县初步显现出了升平的气象。此时的狄仁杰，也是六旬老人了，在这东南之地，水乡沼泽，冬天格外的寒冷。他忽然想到，监狱中统共三百多个犯人，基本上没犯大罪，其中亦无十恶不赦之徒。

狄仁杰心想，人之犯罪，或是一时冲动，或是酒后动手。如今正要过年，不如放他们回去看望一下妻儿老小，享受一下天伦之乐，也可使他们此后向善，改邪归正。

想到这里，狄仁杰又具奏章，派人上呈。

奏章中，狄仁杰又举了当年太宗放犯人回家过年的典故。武则天觉得，这也是一个收买和笼络人心的好事。狄仁杰所为，确实是为国家和她这个皇帝着想的，予以批准了。

越明年，回家过年的三百犯人中，有二百九十八人按时回来，只有两个人迟到。两人禀告说，一个在路上遭遇了风暴，一个是为母治丧。

这三百犯人，回监狱时候，每人都带了一把土回来，堆在监房外面，逐渐形成了一座小丘，当地人称纵囚墩。多年后，此处耸起一座生祠，便是狄公祠。

狄仁杰所作所为，朝野广为传扬。

万岁通天元年（696）五月，营州出事了。

这一年，契丹境内，冬季无雪不说，春夏又遭了旱灾，以至于民众无食，牛羊无草。一时间，饥民遍地，牛羊死者无数。时任契丹松漠都督的李尽忠，与归诚州刺史孙万荣，先是到营州都督赵文翙处，要求开仓赈济契丹所部，被赵文翙断然拒绝。

赵文翙，性情傲慢，刚愎自用，虽为都督，兼有监督与管理契丹等内附唐朝的部落民众之职责，然而赵文翙却对契丹等的风俗习惯非常看不起，认为他们只是莽夫，不知礼义，尽是蛮夷。因此，平素和李尽忠、孙万荣等人的关系闹得也非常僵。

李尽忠、孙万荣的要求遭到了赵文翙的拒绝，自然怒不可遏。

李尽忠说："这厮也太不通人情，平时虐待轻视我等也就罢了，今遭逢如此天灾，居然也不肯开仓赈灾，是可忍孰不可忍！"孙万荣也说："不管怎么说，也不能眼睁睁地看着咱们的人一个个饿死吧？与其饿死，还不如干他一场，死在马背上，也不算辱没祖宗。"

于是乎，孙万荣和李尽忠啸聚部众，起兵造反了。赵文翙组织军队镇压，却被孙万荣等击败，随后冲进营州城，打开官仓，将存粮洗劫殆尽，又攻进州衙之内，逮住赵文翙，二话没说，直接一刀就砍了。

随后，李尽忠自称为无上可汗，与孙万荣等联军，顿时狼烟四起，战火升腾，李尽忠和孙万荣部队不断攻州克县，不日之间，整个河北陷入激烈战火当中。

战报到了神都洛阳，武则天震怒，下令将李尽忠改名为李尽灭，孙万荣改名孙万斩。又下诏，令曹仁师、张玄遇、麻仁节等人率军尽速出征，讨击契丹，随后又派武三思为榆关道安抚大使，作为后援。

八月，内地还是花红柳绿，日照人暖，而在今河北迁安东北方向的西硖石谷，却是晨洒白霜，大地冻硬，夜冷如铁。曹仁师、李多祚、张玄遇等人带军正在穿越峡谷，就遭到了孙万荣的袭击，两军厮杀得昏天黑地。

最终，唐军全军覆没，曹仁师、张玄遇等战死。

武则天大怒，再下《举猛士诏》，召集兵勇，并以牢中囚徒充军作战。这一次，她以武攸宜为总指挥，时任右拾遗的诗人陈子昂为武攸宜府参谋，前往退敌。

与此同时，为扩大战场，李尽忠和孙万荣分别率众出击平州和檀州，当地官民异常团结，李尽灭和孙万斩强攻不下，只好退兵。

十月一个夜晚，风雪交加，李尽忠突然死去。次日，孙万荣继位，仍自称为无上可汗。

契丹造反，和大周打得不可开交，在一边坐山观虎斗的突厥默啜可汗喜不自禁，对左右说道："真是天赐良机，契丹和大周作战，我等当审时度势，从中渔利。"

默啜可汗与众臣分析了一番形势后，决定先拣软柿子捏。

默啜可汗派人去唐军大营报告，说他愿意亲自带兵袭击契丹，作为见面礼，然后归附大周。同时要求，大周要分给他一些领地，用以安置自己的部众。这等事情，前方作战军队长官肯定不敢擅专，快马报告武则天。武则天闻报后思考一番，答应了默啜可汗的请求。默啜可汗也不食言，趁孙万荣不备，袭击了契丹大营，掳走了李尽忠和孙万荣的妻子，献给了唐军。武则天也没有反悔，加封默啜可汗为颉跌利施大单于和报国可汗。

孙万荣恼羞成怒，又派遣其手下骆务整、何阿小带兵攻击唐朝薄弱地带冀州，冀州刺史陆宝积及吏民数千人拼死抵抗，无奈敌我力量悬殊，陆宝积战死，数千吏民悉数被杀。骆务整、何阿小又带兵攻打瀛洲。河北各地全线吃紧。

形势危急，武则天任命狄仁杰为魏州刺史。

魏州辖区包括了今河北、河南和山东相邻的几个县。因为地跨黄河南北，魏州的战略地位尤其重要。魏州乃是契丹人南下通道，也是通往神都洛阳的门户。

魏州的战略地位不言而喻。

前任刺史独孤思庄治理此地的时候，也有一些成效。为加强防御，他采取的方式是，将城外百姓全部迁到城中，一来保护他们的安全，二来一旦发生战争，百姓也可随时化民为军，共同抵御。

但狄仁杰以为，如此做法，反而增添城内外的紧张气氛，令军民不得安生。

就此，狄仁杰分析说："契丹距离魏州还有一段距离，契丹每次出兵侵略，起码要三天才有可能突破前方城池。把百姓强行安置进城，劳民伤财不说，失去土地的百姓，也不一定人人都会经商，强行让他们进城，反而会产生诸多流民和闲散之人。百姓在城外种田谋生，虽会遭到契丹抢掠，但可以发动各村青壮年，平时安排人手，日夜之间加强瞭望、监视。再以村为单位，每个村里，安插十名军卒，平素参与管理，农闲时教授农民战斗攻防之法，一旦契丹来袭，各个村子即可就地组织抵御和作战，也可以做到内应外合，使得贼寇不能得手，必要时候，军民一体，可合围侵略敌军。"

策略制定完成后，狄仁杰组织各级官员，将愿意回家的百姓，全部放出。确实存在困难，需要帮助的，州府抽出部分资金，帮助他们重新安家立业。此外，城市增强开放的力度，鼓励贸易，做好市场监察。暗中，不断加强军备，修筑和完善工事，提高军事训练的难度与高度，既利民生，又利守备。

第二年，战事越发不可收拾。

三月，武则天又派出王孝杰、苏宏晖前后率军十七万，讨伐孙万荣所部。

孙万荣照葫芦画瓢，这一次，在东硖石谷故意示弱，王孝杰、苏宏晖等率军冒进，又进入了契丹的包围圈。霎时间，滚石粗木，乱箭齐飞，唐军顿时大乱，死伤无数。苏宏晖弃甲而逃，王孝杰失去后援，被契丹军队追击，坠崖而死。

随后而来的总指挥武攸宜闻听，吓得浑身哆嗦，下令全军暂缓行进。然后派人上报武则天："敌军强大，我军人数太少，恐难取胜。"武则天又以其族侄武懿宗为神兵道行军大总管，带兵增援。

五月，武则天又派娄师德为清边道副大总管，右武威卫将军沙吒忠义为前锋总管，率军二十万反击契丹。

武懿宗带领部队刚到赵州，闻听孙万荣属下将领骆务整带领的骑兵将至，恐惧异常，下令全军丢掉物资和补给，后退千余里，到相州才停下来。契丹趁势攻下赵州，大肆杀戮抢劫。

孙万荣取得对武周胜利后，他即刻派人到与武周关系若即若离、时降时反，惯于看风向、捞好处的默啜可汗的黑山牙帐，劝诱默啜可汗一起攻打武周。起初，默啜可汗觉得有利可图，大喜，赐予三位使者绯袍。

事有凑巧，这三人前脚刚走，不一会儿，又来了两个契丹人，默啜可汗嫌他们来得迟了一些，喝令推出去砍掉。这两个契丹人挣扎着大喊说："大汗，我们此来，是有要事相告。"

默啜可汗一听，便喝令手下放开二人。

这两个契丹人上前，对默啜可汗说："孙万荣后方空虚，只要数千兵马，就可以杀他个人仰马翻，寸草不留。"

默啜可汗以为，与武周相比，契丹势力当然要弱，武周毕竟是庞然大物，一时半会啃不动。不如先消灭契丹，既能扩大自己地盘，又能从武周那儿捞到好处。遂连夜带兵，偷袭契丹牙帐。却不料，孙万荣对突厥并不放心，留守人马也不少，默啜可汗带军连战三天，才勉强得胜。突厥军队进城之后，把所有人，不管男女老少，尽数带往突厥境内。

夺得城池之后，默啜可汗当即派人通知孙万荣，孙万荣乱了方寸，其部下更是。与此同时，默啜可汗也送信给神兵道总管杨玄基，联合库莫奚人，对孙万荣两面夹击，俘获了何阿小、李楷固、骆务整等契丹主要将领。

契丹大败。

孙万荣遂收拾残部，仓皇向东逃窜，因慌不择路，途中又遭到库莫奚军队伏击，损兵折将，严重减员。孙万荣仰天长叹一阵，正要寻个地方稍作喘息，却不料，张九节所率部队对其发动突然袭击。突围之后，孙万荣只好漫无目的地奔逃，实在累得不行了，刚躺在地上睡着，就被自己帐下的亲兵砍了头颅，转手献给了唐军。

默啜可汗是这场战争当中最大的获利者，不仅尽纳契丹旧部，又从武周治下要回了前突厥数万名的降唐人员，还轻而易举地拿回了河曲六州（李世民在位时期设置的安置突厥、契丹、室韦、库莫奚等投降部落的地方）。

与契丹的战争初步告一段落后，武则天命武懿宗、娄师德、狄仁杰分道安抚河北。三路大军分路前往，声势浩大。只是，此时的河北，已经满目疮痍，战火的蹂躏，已经使得大部分地区生产废弛，民不聊生，人口锐减，战后安抚和重建举步维艰。

面对如此惨状，武懿宗却上奏："凡河北道

内，曾投降或屈服于契丹的兵众和吏民必须全部杀掉。"为了长治久安，武则天便又任命狄仁杰为幽州都督。到任之后，狄仁杰马不停蹄，先是带人勘察地形，重新制定防御计划，修筑城墙。与此同时，下大力整顿吏治，严惩在战中不作为，甚至里通外族等不肖官吏及奸猾之徒；制定措施，鼓励农业生产，恢复民生及相应供给；针对幽州形势与契丹、突厥作战特点，组织官民一起，制定了一整套的防御策略和措施，加强操练军备，巩固防务。

数月后，幽州边防巩固，契丹及突厥暂时不敢犯边。幽州及河北一带，民生渐渐恢复了活力。

狄仁杰具表上奏，建议改出塞作战为安抚边疆。武则天准奏。

狄仁杰就河北道的安抚工作做了详细规划：

其一，针对河北民族众多、毗邻边疆之特点，不分民族，进行优抚与安置。其中，契丹与突厥为宿敌，与其当面为敌，不如拉拢分化，以达到以敌制敌的目的。因此，奏请武则天，册封阿史那步真之子阿史那斛瑟罗为可汗，委任他管理四镇，固守安东。从而达到"省军费于远方，并甲兵于塞上，使夷狄无侵侮之患"之目的。

其二，在整个军事防务上，操练士兵，广集资粮，以逸待劳，坚壁清野，使贼寇即使来犯，也捞不到好处。

其三，尽快安抚州县，招抚流亡，劝民归乡，安居乐业。

其四，奖赏民间有功者、御敌不退者及其家属。

契丹的猛将李楷固和骆务整战败后，带领部众投降，多数人建议杀之，狄仁杰力排众议，建议武则天封赏他们，并令他们两个带兵剿抚契丹残余部队。

李楷固、骆务整不辱使命，得胜而归。武则天下诏封赏，李楷固和骆务整拜谢狄仁杰说："在下不死之恩，狄公恩同再造！"

狄仁杰笑着说："生民所为，不过谋生，安定生活。相互之间的攻伐，无论胜败都是涂炭黎民百姓。"

二人诺诺称是。

武则天闻报，深感狄仁杰之勤政爱民、殚精竭虑，堪为朝臣表率，赐紫袍、龟带给狄仁杰，以彰其功劳、品德，并亲手写下"敷政术，守清勤，升显位，励相臣"十二个字，着令巧匠绣在紫袍上。

处理完这些事务后，狄仁杰回朝，任鸾台侍郎，同平章事。

匡扶李唐

内外稍微安宁，武则天的重点，又回到了一个尖锐的老问题上，即立谁为太子，传承大位。这个问题，自武则天改唐为周之日起，她在李家和武家之间，长时间摇摆不定，难以决断。她想，江山得来不易，理应给予武家，可又怕自己百年之后，武氏子孙难以掌控大局，不是被李唐宗室夺回政权，就是被他人越俎代庖、李代桃僵。倘若再度引得天下大乱，生民涂炭，也并非上上之策。

然而，还周于唐，她也心有不甘。

在朝中，第一个发现武则天有意将江山传给武氏家族的人，是刘仁轨。

刘仁轨是奇才，生于隋末，乱世之中，仍旧读书不辍。做官后，奉命驰援唐军攻打高句丽而得胜，并创造了白江口全歼倭国、百济联军的战争奇迹。官至同凤阁鸾台平章事，借机除掉政敌李敬玄，又借他人之手，杀了告密者姜嗣宗。

就传位之事，刘仁轨多次进谏，建议武则天百年之后，还位于李唐。

第二个是李昭德，他精明干练，尤善于宫殿营造，长寿元年（692），武则天下令营建神都，李昭德领衔，规创了文昌台及定鼎、上东诸门，武则天很满意，因此将之提拔为宰相。

斯时，武承嗣也任在朝任要职。就此，李昭德对武则天说："武承嗣是陛下的亲侄子，封了魏王，又做宰相，权力过大。再者说，古来亲父子间的权力争斗都难以避免，何况姑侄间呢？"武则天明白了他的意思，令武承嗣转任太子少保。

明升暗降，武承嗣心里当然很不舒服，便写奏章弹劾李昭德。武则天则严厉地对武承嗣说："李昭德乃是朕倚重之人，动他不得。"

见无法撼动李昭德，武承嗣唆使王庆之等人，上奏武则天废掉李旦的太子位。李昭德依旧劝武则天说："百年之后，灵魂存焉。陛下英武韬略，堪称不二之帝。但为人，便有生死。陛下百年之后，素来只有子孙为其祖修庙供奉祭祀，无外侄为姑母行此孝义的。以纲常伦理论，陛下您是高宗皇帝皇后，李旦乃是陛下亲生，李旦为太子，天经地义，无可厚非。"

武则天听了，也觉得是这个道理，但又拿不定主意，只好搁置再议。

武承嗣深知，李昭德不除，自己的志愿难酬，便唆使来俊臣等，构陷李昭德。武则天听信，先贬李昭德为南宾县尉。一年多后，再次被来俊臣等以造反罪为名逮捕，在洛阳闹市处斩。

清除了拥唐派的重臣，武承嗣等人加紧运作，又以天降祥瑞等说辞，大肆鼓吹李氏已亡，武氏当立的"天意"。但武则天还是犹豫不决。武承嗣又利用武则天的面首，薛怀义及张昌宗、张易之等人，游说武则天。

薛怀义和张家兄弟投桃报李，也为武家说了不少好话，但仍旧没有说动武则天。但武承嗣以为，只要功夫深，说不定就会得偿所愿，依旧处心积虑，说服武则天改立自己为太子，把李唐天下传给他。

此诚李唐王朝存亡之秋。

狄仁杰也不得不面临这个问题。在狄仁杰看来，武则天传位武氏家族的想法是站不住脚的。江山本属李唐，武则天承制，无非替李唐续政，传于武氏后人，名不正言不顺，天下不服，必然引发灾祸。武则天尚在，李氏子孙不敢造次，若武则天驭龙宾天，李唐之后必然群起夺权，如此，必然兵戈再起，天下又一大乱。为朝廷和黎民万众计，还朝于李，最为妥当。

为朝廷长治久安，狄仁杰先后两次推荐荆州长史张柬之任宰相，另推荐苏味道、李峤、姚元崇、桓彦范、敬晖等人担任要职。

其中有一人名叫霍献可，在狄仁杰与任知古、裴行本等人被构陷入狱，曾经奏请武则天将狄仁杰等人斩杀。狄仁杰被贬为彭泽县令之时，病得严重，本想在开封休息一夜再走，霍献可得知，勒令狄仁杰等连夜过境，不许停留。狄仁杰再复拜相之后，多次向武则天推荐霍献可。武则天认为，狄仁杰此人，内举不避亲，外举不避仇，因此更加信任狄仁杰。

一日朝上，武则天说："朕昨晚做了一个奇怪的梦，梦见一只鹦鹉，翅膀折断，怎么飞也飞不起来。"就武则天这个梦，大臣们纷纷发言阐释，武则天听了，都不满意。转而对狄仁杰说："狄爱卿，依你之见，这个梦到底有何寓意？"

狄仁杰躬身说："回陛下，以老臣之见，这鹦鹉为武，陛下正好姓武，翅膀为二，二和儿相通。"武则天觉得狄仁杰说得最为圆满，解释得最为合适。又问狄仁杰说："那依你之见，朕现在应当如何处置？"

狄仁杰说："陛下，臣以为，当迎回庐陵王，让他回到您的身边。"

武则天久不作声，随即宣布退朝。

退朝之后，武则天又召狄仁杰进宫。

盯着须发皆白的狄仁杰，武则天好久没有开口说话，气氛一时诡异。

良久，武则天才对狄仁杰说："狄爱卿，朕多年来，最信任的人就是你了。爱卿多次带兵退敌，安抚州县，举荐人才，施政安邦，整顿吏治，为朕分忧。然而，朕这些年最大的心病，想来你也明白，武家、李家，多年来，朕一直犹豫难决。你我皆垂垂老矣，人生百年，也要故去。今之朝廷，也堪称多事之秋，朕也是年老之躯了。朕来问你，在立武立李问题上，狄爱卿如何以为？"

正在这时，宦官进来禀告："武三思和武承嗣大人求见。"

武则天轻哼了一声说："让他们在外面候着。"

宦官喏喏而出。狄仁杰又看了看左右，武则天明白其意，叫左右人等回避。

狄仁杰在朝堂上为武则天解梦，言语有利于李唐，武承嗣等人心中忐忑，为探清皇帝真实心思，武承嗣思前想后，决定到宫中探个究竟，却没能得到皇帝召见。

此时的武则天，显然已经多少被狄仁杰等人的言辞打动了。

面对满怀心事的武则天，狄仁杰继续说："自大周建立以来，陛下文韬武略，攘外安内，与民生息，国富民强，睿智果断，朝野上下，无人不服。

陛下临朝称制，顺天命，应人心，力挽狂澜于既倒，扶大厦于将倾，使得煌煌大周，如日中天，万邦来朝，繁华若斯。臣闻子承父业，乃是古来之传统，即使圣如尧舜，已然云烟，人生百年，终究西去。这天下本姓李，陛下有子，且又是您亲生的血脉，令之继承大统，母子连心，多年之后，陛下宾天，亲子得以大统，必定慎终追远，不忘母恩，时时祭拜，不致荒废。"

听了狄仁杰一番话，武则天若有所思。

狄仁杰又说："古来只见子孙拜亲祖，未曾见外侄祭奠姑母。再者，陛下您以为自己的亲儿子可信，还是外侄可信？"

武则天点点头。

数日后，武则天说，她又做了一个梦。在梦中，武则天虽为对弈高手，但每每失策而败。狄仁杰就此阐解："陛下，依照您的梦境，臣以为，棋者，名棋子也。与陛下此刻对应起来，当是身边无子之故。"武则天哦了一声，她也知道，在立谁为太子这件事情上，狄仁杰的主张一直是传位李显的。

狄仁杰说："古来只见子孙拜亲祖，未曾见外侄祭奠姑母。再者，陛下您以为自己的亲儿子可信，还是外侄可信？"

这件事，不知说了多少次，每次说，武则天都犯踌躇。这一次，狄仁杰再说，武则天有点不耐烦，怒声说："狄仁杰，你怎么老说此事？朕何时问了？"

狄仁杰对武则天说："陛下，臣绝无此意，只是就梦论梦而已。"

武则天觉得，狄仁杰的回答还算完满。脸色和缓下来。然后眼睛看着狄仁杰说："既然又说起此事了，不妨再说说。依你之见，该当如何？

狄仁杰正色说："陛下，恕老臣直言，普天之下，率土之滨，皆为陛下家事。君王是天下之首，臣子为四肢，这是一个整体。臣下蒙陛下隆恩，这是关系到天下的事情，我们这些做臣子的，需对皇帝及全天下负责。因此，老臣才冒万死之身进谏陛下。"

武则天怒喝说："狄仁杰，这是朕的家事！你想逼迫朕吗？"

这次谈话，最终还是不欢而散。但武则天并没有降罪于狄仁杰。

当晚，武则天又打问张昌宗和张易之两兄弟，二人恭敬回答，意思和狄仁杰等相同。

张易之、张昌宗兄弟两个，长相俊美，极会讨则天武则天欢心，但他们也知道，自己乃是由布衣而平步青云，获得这泼天富贵。但人不论活到什么时候，也都难逃一死，倘若武则天有一天追随高宗而去，如何还能保全性命和眼下的富贵生活呢？

二人见狄仁杰备受武则天恩宠，极端智慧，也无害人之心，便到狄府讨教。

狄仁杰笑着说："如此，二位大人只需做好一事即可。那就是劝说皇帝传位于李氏子孙。因为，李家之人，才不管武家之事，最多也就是把你们二位放回原籍罢了。"

最终，武则天被狄仁杰等人劝服，圣历元年（698），召李显回洛阳，数日后，立李显为皇太子。

内政刚一平稳，边地战乱又起。

早年间，突厥默啜可汗上表，诚恳表示，愿做大周皇帝的儿子。但另一方面，一直加紧对契丹、库莫奚的征服。

武则天曾答应默啜可汗的请求，不仅送公主与他和亲，而且还陪送了大量的金银和绢帛。

为获取更多好处，圣历元年（698）默啜可汗派人报告武则天：愿意把自己的女儿嫁给皇帝的任何一个亲属。武则天思想来去，听从了武三思等人的撺掇，派武承嗣的儿子武延秀为使者，去迎娶默啜可汗的女儿。

武延秀一行到达默啜可汗黑山牙帐后，默啜可汗却一反常态，指着武延秀骂道："你算什么东西，我的女儿是要嫁给李家，才算门当户对，你武家，不过一群宵小之辈，怎么能配得上我的女儿？"

说完，拍案而起，叫手下将军立即传令各部整备军马，择日起兵。

武延秀、阎知微等和他们的随从也被默啜扣押。

战火再起，生灵涂炭，河北道中，连年粮食丰收，仓廪满盈的定州、赵州等地先后遭到了默啜可汗军队的袭击和抢掠，二十余座城池沦陷敌手，数万男女被抢走。

在这样的形势下，武则天以李显为河北道统兵元帅，狄仁杰副之，前往征讨。李显吓得直哆嗦，他这些年的生活，可谓苟延残喘，惶惶不可终日，连做梦都怕被人毒杀，早已胆小如鼠，噤若寒蝉，哪里还敢带兵打仗，冲锋陷阵？

看到李显这副模样，其妃子韦氏劝道："太子，此乃大好时机，万不可错过。尽管你不会打仗，但狄公智慧超群，即使打了败仗，他也会护你周全。"

听了韦氏一番话，李显这才勉强答应。大军出发之日，武则天亲自到城外，设宴为李显和狄仁杰等人饯行。朝野听说是李显挂帅出征，一时间，热血者蜂聚，主动参军者，一日之间竟达五万之众。

可还没到达前线，李显就病了。剿抚便落在了狄仁杰肩上。

此时的默啜可汗，拥兵四十万，战力极强，洗劫河北等地之后，旋即发动对周边游牧部落的战争，同时收服了先前分裂出去的西突厥及其分散部落。

狄仁杰率军到达河北，默啜可汗见好就收，领着部众退回了漠北大营。余下的是满目疮痍，残垣断壁，大批民众流离失所，新坟座座相连，白幡飘荡，死者尸体暴露在惨淡的天空，无人收殓掩埋，腐烂的味道充斥着整个北方山川大地，无边的悲怆气氛令人心头生雪，骨头疼痛。

面对这一惨景，狄仁杰心头不由黯然，搓手悲叹，只能尽全力安抚百姓。

圣历二年（699），对狄仁杰有知遇之恩的娄师德病逝。狄仁杰到娄府吊唁，对着娄师德的灵柩，狄仁杰忧戚地说："娄公于狄某恩德，天高地厚，同朝之时虽然不长，但也是心有灵犀，互有帮衬。今娄公陨落，狄某犹如失亲，于国家，则天倾一柱啊。"

兔死狐悲，人之常情，且又是对自己有举荐之恩的同僚，狄仁杰也想到，人生终究不过百年，君子所为，无愧天地，方才不枉一生。

这时候的狄仁杰，也时常感到精力不济。

久视元年（700），武则天授以仁杰内史，并亲笔撰写《授狄仁杰内史制》："鸾台，讦谋房帷，秉钧之任为重；典综丝纶，挥翰之才是属。银青光禄大夫守纳言上柱国汝阳县开国男狄仁杰，地华簪组，材标栋干。城府凝深，宫墙峻邈。有八龙之艺术，兼三冬之文史。雅达政方，早膺朝寄。出移节传，播良守之风；入践台阁，得名臣之体。岂惟怀道佐明，见期于管乐；故以竭诚匡主，思致于尧舜。九重肃侍，则深陈可否；百辟在庭，则显言得失。虽从容顾问，礼被于皇闱；而斟酌轻重，事隆于紫诰。宜迁掌闱之秩，式懋专车之宠。可守内史，散官勋封如故。主者施行。"

武则天为了防止自己宾天之后，李武两家再水深火热，相互杀戮不断，百般思虑，还是觉得唯有盟誓可以明志。于是乎，武则天再次召集武、李两家所有宗亲，在洛阳举办盛大聚会，两家所有人聚会一起，对天盟誓，并将丹券藏于太庙之中。

五月，武则天突发奇想，巡幸石淙山，狄仁杰等也伴驾同行，并在此作诗一首："宸晖降望金舆转，仙路峥嵘碧涧幽。羽仗遥临鸾鹤驾，帷宫直坐凤麟洲。飞泉洒液恒疑雨，密树含凉镇似秋。老臣预陪悬圃宴，馀年方共赤松游。"

当年秋天，狄仁杰卧床不起。武则天派最好的太医医治，但也无力回天。某一天，张柬之、桓彦范、敬晖、袁恕己等人前往狄府探望。

狄仁杰明知自己已经去日无多，不由得伤感。但君子顺应天命，也是自然归宿。五人在床前许久，狄仁杰只是流泪，不发一言。

五人告辞之后，张柬之、桓彦范、敬晖等三人半路被狄府的人追回。至于他们又说了什么，并无记载。

不久后，狄仁杰与世长辞。武则天闻听，泪眼婆娑，不胜唏嘘，下令废朝三日，全国举哀。赠狄仁杰文昌右相，谥曰文惠。再上朝，武则天仍面带忧戚，面对朝堂上的众臣，突然大放悲声说："朝堂空矣！"众臣也都跟着悲戚。

时间对于每个人都是公正的，人的一生，看起来漫长，但倥偬飘忽，短如一瞬。如庄子所言："若白驹之过隙，忽然而已。"年纪日渐增长的武则天，也开始疾病缠身，且越来越严重，以至于无法上朝与处理政事。神龙元年（705）正月，张柬之、敬晖等人带卫队冲进宫中，诛杀了张氏兄弟，逼迫武则天让位于太子李显。

狄仁杰
生平简表

● ◎唐太宗贞观四年（630）

生于并州太原。

● ◎唐高宗显庆元年（656）

狄仁杰以明经入仕，并任汴州判佐。

● ◎唐高宗仪凤元年（676）

此前，已入长安任大理寺丞

力谏高宗，赦免权善才、范怀义太宗陵前伐树之死罪。

任侍御史

●◎唐高宗仪凤四年（679）

力主罢免韦弘机，严惩王本立。

●◎唐则天后垂拱二年（686）

出任宁州刺史。

回朝任冬官侍郎。

●◎唐则天后垂拱四年（688）

江南平庙。任豫州刺史，得罪张光辅，左迁复州刺史。

●◎武周则天后天授二年（691）

拜相。

●◎武周则天后天授三年（692）

被来俊臣等诬陷下狱。同年出狱，被贬为彭泽令。

● ◎ 武周则天后万岁通天元年（696）

任魏州刺史。

● ◎ 武周则天后万岁通天二年（697）

与娄师德、武懿宗等安抚战后河北。同年再度拜相。

● ◎ 武周则天后圣历元年（698）

说服武则天，迎回李显，立为太子。同年，兼纳言。并为河
北道行军副元帅（太子李显为元帅）、安抚大使。

● ◎ 武周则天后久视元年（700）

任内史。同年卒。武则天为此废朝三日。